inuit stories   légendes inuit

povungnituk

inuit stories   légendes inuit

povungnituk

Zebedee Nungak
Eugene Arima

translated from Inuktitut into French by / traduit de l'inuktitut en français par

Bernard Saladin d'Anglure

Canadian Museum of Civilization
National Museums of Canada

Musée canadien des civilisations
Musées nationaux du Canada

© National Museums of Canada 1988

© Musées nationaux du Canada 1988

Canadian Cataloguing in Publication Data

Nungak, Zebedee, 1950-
  Inuit stories: Povungnituk = Légendes inuit: Povungnituk

Text in English and French.
Previously published in Inuktitut and English as: Unikkaatuat sanaugarngnik atyingualiit Puvirngniturngmit = Eskimo stories from Povungnituk, Quebec/by Zebedee Nungak and Eugene Arima. (Bulletin/National Museums of Canada; no. 235)
(Anthropological series; no. 90).
Bibliography: p.
ISBN 0-660-50285-2

1. Inuit—Canada—Legends.* 2. Inuit—Québec (Province)—Povungnituk—Legends.*
I. Arima, E.Y. (Eugene Yuji), 1938-
II. Canadian Museum of Civilization. III. Title.
IV. Title: Légendes inuit.

E99 E7 N86 1988   398.2'09714'17   C88-099109-7E

Données de catalogage avant publication (Canada)

Nungak, Zebedee, 1950-
  Inuit stories : Povungnituk = Légendes inuit : Povungnituk

Texte en français et en anglais.
Publié antérieurement en inuktitut et en français sous le titre : Unikatuata sanauganika ayigualita Puvinitumita = Légendes inuit de Povungnituk, Québec / Zebedee Nungak, Eugene Arima. (Bulletin / Musée national de l'Homme; no 235) (Série anthropologique ; no 90).
Bibliographie : p.
ISBN 0-660-50285-2

1. Inuit—Canada—Légendes.* 2. Inuit—Québec (Province)—Povungnituk—Légendes.*
I. Arima, E.Y. (Eugene Yuji), 1938-
II. Musée canadien des civilisations. III. Titre.
IV. Titre : Légendes inuit.

E99 E7 N86 1988   398.2'09714'17   C88-099109-7F

SSC Cat. no. NM98-3/52-1988

Printed and bound in Canada

Published by
Canadian Museum of Civilization
National Museums of Canada
Hull, Quebec
K1A 0M8
Telephone: (613) 957-9905

Production: André Desjardins
Desktop Publishing layout and design: Arlen Bartsch

Cover page: *The boy under a kayak*
from Saali Arngnaituk
(*Photo* Richard Garner)

A.S.C. No NM98-3/52-1988

Imprimé et relié au Canada

Publié par
Musée canadien des civilisations
Musées nationaux du Canada
Hull (Québec)
K1A 0M8
Téléphone : (613) 957-9905

Production : André Desjardins
Éditique, conception graphique : Arlen Bartsch

Page couverture : *Le garçon sous un kayak*
de Saali Arngnaituk
(*Photo* Richard Garner)

National Museums of Canada   Musées nationaux du Canada

Canada

biographical note

Zebedee Nungak was born in Povungnituk, north of Quebec, in 1950. At the age of 14, he came to Ottawa for his secondary education, and lived with a local family. He speaks Inuktitut and English fluently. His intimate knowledge of Inuit life proved to be invaluable in assisting Eugene Arima compile this present anthology. Zebedee Nungak is also accredited for translating the Inuktitut text into English. Since his return to Northern Quebec, he has been active in adult education. He has published a trilingual newspaper in order to enhance communications among Inuit groups in Quebec and to inform them of events and activities occuring in other parts of Canada.

Eugene Arima has been a long-time contributor to the National Museums of Canada. He started as a researcher on contract, following that he became a member of the Canadian Ethnology Service with the Canadian Museum of Civilization. After obtaining his degree from the University of Toronto in 1958, his first on-site study was that of the Inuit of Coppermine, in the North West Territories. In 1959, in Ivuyivik, Northwestern Quebec, he supervised the reconstruction of a skin-made kayak. In 1963 and 1964, he collected the Inuit legends presented in this volume. Eugene Arima is at present with Environment Canada.

note biographique

Zebedee Nungak est né à Povungnituk, dans le nord du Québec, en 1950. À l'âge de quatorze ans, il vint faire ses études secondaires à Ottawa, résidant chez une famille de cette ville. Il parle couramment l'inuktitut et l'anglais. Sa connaissance intime de la vie des Inuit fut d'un secours inappréciable à Eugene Arima, qu'il accompagna à Povungnituk pour y recueillir la présente anthologie. C'est d'aileurs lui qui fit la traduction du texte de l'inuktitut à l'anglais. Il est retourné dans son coin de pays où il s'est occupé de l'éducation des adultes. Il a publié un journal trilingue afin de favoriser la communication entre les groupes inuit du Québec et de les renseigner sur les événements et les activités des autres régions du Canada.

Eugene Arima a longtemps apporté sa collaboration aux Musées nationaux du Canada. D'abord chercheur à forfait, il fut, par la suite, membre du Service canadien d'ethnologie du Musée canadien des civilisations. Après l'obtention de son grade de l'université de Toronto, en 1958, sa première étude sur les lieux fut celle des Inuit de Coppermine, Territoires du Nord-Ouest. En 1959, il surveilla la reconstruction d'un kayak en peau à Ivuyivik dans le nord-ouest du Québec. C'est en 1963 et en 1964 qu'il recueillit les légendes inuit de Povungnituk, présentées ici. Eugene Arima travaille présentement pour Environnement Canada.

syllabic writing   écriture syllabique

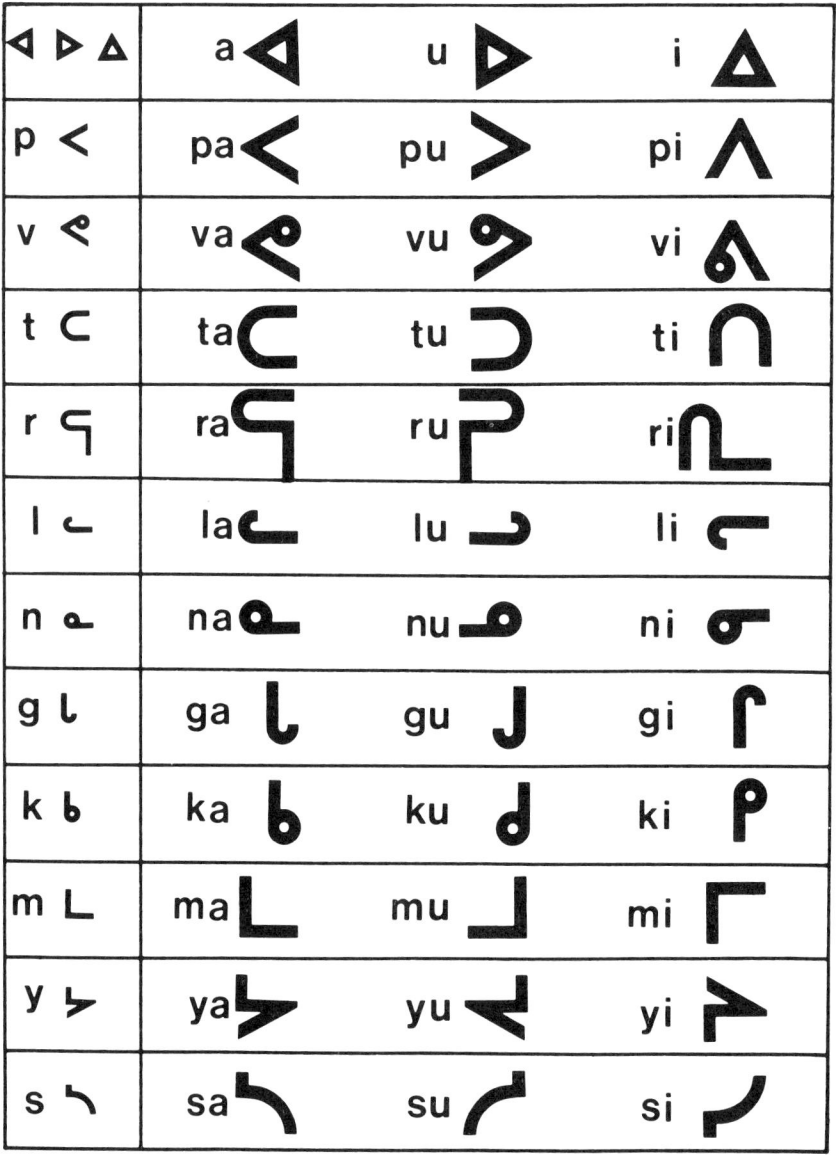

table of contents

biographical note, 5
syllabic writing, 6
table of contents, 7
list of plates, 9
foreword, 13
editorial note, 16

carvers and storytellers, 17

stories, 21

1. the giant and the man, 23
2. the two tuniit who contested with bows and arrows, 31
3. aqsauyayuq, 33
4. qiituq and nuiliq, 37
5. saakiluusi, 39
6. ikuutayuuq, 41
7. sikuliasuituq, 45
8. the dwarf who smothered a man, 47
9. the dwarf who gave caribou, 51
10. the dwarf and the mother and daughter, 53
11. the little old woman who used to become a man, 57
12. the one who turned into a wolf, 61
13. kautyayuq, 65
14. the one who suddenly grew big, 69
15. katyutayuuq, 73
16. tunnituaqruk, 75
17. miqqiayuuq, 79
18. the woman and the caterpillar, 81
19. the hawk and the goose, 83
20. the owl and the lemming, 85
21. lumaaq, 87

table des matières

note biographique, 5
écriture syllabique, 6
table des matières, 7
liste des planches, 9
avant-propos, 13
note de l'éditeur, 16

sculpteurs et narrateurs, 17

légendes, 21

1. le géant et l'homme, 23
2. les deux tuniit qui se mesurèrent à l'arc, 31
3. aqsauyayuq, 33
4. qiituq et nuiliq, 37
5. saakiluusi, 39
6. ikuutayuuq, 41
7. sikuliasuituq, 45
8. le nain qui étouffa un homme, 47
9. le nain qui fit don de viande de caribou, 51
10. le nain, la mère et la fille, 53
11. la petite vieille qui s'était transformée en homme, 57
12. celle qui se transforma en loup, 61
13. kautyayuq, 65
14. celle qui a grandi subitement, 69
15. katyutayuuq, 73
16. tunnituaqruk, 75
17. miqqiayuuq, 79
18. la femme et la chenille, 81
19. le faucon et l'oie, 83
20. le hibou et le lemming, 85
21. lumaaq, 87

22. the half-fish, 93	22. l'être à moitié poisson, 93
23. alikammiq's kayak drowning, 95	23. alikammiq qui chavira en kayak, 95
24. alikammiq and his wife steal a seal, 97	24. alikammiq et sa femme qui volèrent de la viande, 97
25. atungaq, 99	25. atungaq, 99
26. tammatuyuq, 103	26. tammatuyuq, 103
27. the woman who smothered her baby, 105	27. la femme qui étouffa son enfant, 105
28. the old woman who killed a bear, 107	28. la vieille femme qui étouffa un ours blanc, 107
29. nauyavinaaluk, 111	29. nauyavinaaluk, 111
30. ningiuqvilaaq, 115	30. ningiuqvilaaq, 115
31. puungittuq, quviqsalualuk and alikammiq, 119	31. puungittuq, quviqsalualuk et alikammiq, 119
32. augitsisiaq, 121	32. augitsisiaq, 121
33. ayurayaq, 127	33. ayurayaq, 127
34. malakak, 129	34. malakak, 129
35. ayagutak, 131	35. ayagutak, 131
36. how uumayualuk was saved by amarualik, 133	36. uumayualuk qui dut la vie à amarualik, 133
37. sanikilluaq, 135	37. sanikilluaq, 135
38. niliqtuaruq, 137	38. niliqtuaruq, 137
39. the man with a broken leg who was left behind, 139	39. l'homme qui fut abandonné après s'être cassé la jambe, 139
40. the man who used to be carried by his wife, 141	40. l'homme qui était porté sur le dos par sa femme, 141
41. the couple who fought for a bear leg, 145	41. le couple qui se disputa une patte d'ours blanc, 145
42. how they sealed in winter, 147	42. ceux qui chassaient le phoque à pied, l'hiver, 147
43. how they hunted caribou inland, 149	43. ceux qui chassaient le caribou à l'intérieur des terres, 149
44. a custom for the first seal, 151	44. coutume concernant celui qui tuait un phoque pour la première fois, 151
45. the poor boy who tossed a seal femur, 153	45. le petit orphelin et le fémur du phoque, 153
46. the seagull and the kutyaunaq, 155	46. la mouette et le kutyaunaq, 155
suggested reading, 157	*lectures recommandées,* 157

list of plates

Qinnuayuaq's camp on Qikiqtakallak opposite Povungnituk—one of the last residential snowhouse groups, February 1963, 12

1. A. The giant listening for breath, 22
   B. The giant carrying the man, 22
2. A. The man taking the axe, 24
   B. The man axing the giant, 26
3. A. The giantess drinking the river, 28
   B. The man with the axe, 28
4. Two Tuniit contesting, 30
5. The 'duelling ground', 30
6. A. Aqsauyayuq and the Tuniq fighting, 32
   B. Aqsauyayuq with the walrus head, 34
7. Qiituq and Nuiliq fighting, 36
8. Saakiluusi about to be shot, 38
9. A. Ikuutayuuq drilling, 40
   B. Fighting with a rope, 42
10. The big brother taking away a seal, 44
11. A. The dwarf smothering the man, 46
    B. The dogs attacking the dwarf, 48
12. The dwarf favouring the hunter, 50
13. A. The dwarf pulling at the stuck seal, 52
    B. Another view of A., 54
14. A. The old woman turned into a man getting a seal while her grandchild keeps house, 56
    B. Another view of A., 58
15. A. Qisaruatsiaq taking fish, 60
    B. Foot becoming wolflike, 60
    C. Turning into a wolf, 60
16. A. Eating her remaining boot, 62
    B. Killing caribou, 62
17. A. Kautyayuq killing, 64
    B. Another view of A., 66
18. A. Nulayuviniq, 68
    B. Another view of A., 70

liste des planches

Le campement de Qinnuayuaq sur l'île Qikiqtakallak en face de Povungnituk—une des dernières agglomérations d'iglous, février 1963, 12

1. A. Le géant cherchant un signe de vie, 22
   B. Le géant portant l'homme sur son dos, 22
2. A. L'homme prenant la hache, 24
   B. Décapitation du géant, 26
3. A. La géante en train de boire la rivière, 28
   B. L'homme à la hache, 28
4. Combat de Tuniit, 30
5. Le terrain de combat, 30
6. A. Lutte entre Aqsauyayuq et le Tuniq, 32
   B. Aqsauyayuq et la tête de morse, 34
7. Lutte entre Qiituq et Nuiliq, 36
8. Décochage d'une flèche en direction de Saakiluusi, 38
9. A. Ikuutayuuq faisant une trépanation, 40
   B. Lutte avec des lanières, 42
10. Le grand-frère s'emparant d'un phoque, 44
11. A. L'homme étouffé par le nain, 46
    B. Le nain attaqué par les chiens, 48
12. Le nain obligeant le chasseur, 50
13. A. Le nain tirant sur le phoque pris dans la glace, 52
    B. Autre vue de A., 54
14. A. La femme métamorphosée en homme chassant le phoque pendant que sa petite-fille garde la maison, 56
    B. Autre vue de A., 58
15. A. Qisaruatsiaq prenant du poisson, 60
    B. Un pied nu et métamorphosé en loup, 60
    C. Métamorphose d'une femme en loup, 60
16. A. Une dernière botte à manger, 62
    B. Un loup tuant un caribou, 62
17. A. Kautyayuq l'assassin, 64
    B. Autre vue de A., 66

19. Katyutayuuq, 72

20. Tunnituaqruk, 74

21. A. The woman going to get water, 78
    B. The man and the hairy monster, 78

22. A. The woman nursing her caterpillar, 80
    B. The husband throwing out the caterpillar, 80

23. The hawk and the goose, 82

24. The owl with the lemming in its claws, 84

25. A. The bear peeping in the window-hole, 86
    B. "My brother, good dog meat", 86

26. She brought him food inside her parka, 88

27. A. The loon leading the blind boy
       to the water, 90
    B. The mother being towed under by a white
       whale, 90

28. Pushing the stranded half-fish
    off the rocks, 92

29. A. Alikammiq with his kayak capsized, 94
    B. Underside of A., 94

30. Alikammiq and his wife taking
    a big seal, 96

31. A. Atungaq and his wife, 98
    B. At a smooth cliff, 100

32. A. Tammatuyuq taking the baby, 102
    B. Sucking the baby's brain, 102

33. The woman with her smothered baby, 104

34. The old woman and the bear she choked, 106

35. A. Nauyavinaaluk killing, 110
    B. Another view of A., 112

36. A. Ningiuqvilaaq dragging
       the dead Nauya, 114
    B. Inuit mining soapstone, 116

37. Puungittuq killing Quviqsalualuk, 118

38. The abandoned woman and her son, 120

39. A. The boy under a kayak, 122
    B. Capsizing a kayak, 124

40. Ayurayaq with a big lake trout, 126

18. A. Nulayuviniq, 68
    B. Autre vue de A., 70

19. Katyutayuuq, 72

20. Tunnituaqruk, 74

21. A. La femme allant chercher de l'eau, 78
    B. L'homme et le monstre poilu, 78

22. A. La femme nourrissant sa chenille, 80
    B. Le mari jetant la chenille, 80

23. Le faucon et l'oie, 82

24. Un lemming dans les griffes du hibou, 84

25. A. L'ours jetant un coup d'œil par la baie, 86
    B. La petite fille apportant de la nourriture
       à son frère aveugle, 86

26. Elle cachait la viande sous son anorak, 88

27. A. Le huart conduisant le jeune aveugle
       à l'eau, 90
    B. La mère emportée sous l'eau par une
       baleine blanche, 90

28. Un homme poussant à l'eau l'être à moitié
    poisson échoué sur des rochers, 92

29. A. Alikammiq et son kayak chaviré, 94
    B. Dos de A., 94

30. Alikammiq et sa femme
    prenant un gros phoque, 96

31. A. Atungaq et sa femme, 98
    B. Escalade de la face lisse d'une falaise, 100

32. A. Tammatuyuq prenant le bébé, 102
    B. Une femme suçant le cerveau d'un bébé, 102

33. La femme et son bébé étouffé, 104

34. La vieille femme et l'ours qu'elle a étouffé, 106

35. A. Nauyavinaaluk l'assassin, 110
    B. Autre vue de A., 112

36. A. Ningiuqvilaaq traînant le
       cadavre du Nauya, 114
    B. Inuit minant de la stéatite, 116

37. Puungittuq tuant Quviqsalualuk, 118

38. La femme abandonnée et son fils, 120

41. Malakak with his middle finger snapped off, 128
42. Ayagutak, 130
43. Uumayualuk being found by Amarualik, 132
44. Sanikilluaq seeing wolves, 134
45. Niliqtuaruq, 136
46. The man with a broken leg reaching the cache, 138
47. A. The little man being carried by his wife, 140
    B. Detail of A., 142
48. Couple fighting for a bear leg, 144
49. A. Seal hunter refreshing himself, 146
    B. Back of A., 146
50. Family going inland, 148
51. First seal rite, 150
52. The poor boy tossing a seal femur, 152
53. Seagull with kutyaunaq, 154

39. A. Le garçon sous un kayak, 122
    B. Garçon faisant chavirer un kayak, 124
40. Ayurayaq et la grosse truite de lac, 126
41. Malakak amputé de son majeur, 128
42. Ayagutak, 130
43. Uumayualuk retrouvé par Amarualik, 132
44. Sanikilluaq apercevant des loups, 134
45. Niliqtuaruq, 136
46. L'homme à la jambe fracturée atteignant la cache, 138
47. A. Une femme portant son petit mari sur le dos, 140
    B. Détail de A., 142
48. Couple se disputant une patte d'ours, 144
49. A. Un chasseur de phoque en train de se restaurer, 146
    B. Dos de A., 146
50. Famille partant pour la chasse, 148
51. Rite de la prise du premier phoque, 150
52. Le pauvre garçon et son os de phoque magique, 152
53. La mouette et le kutyaunaq, 154

Qinnuayuaq's camp on Qikiqtakallak opposite Povungnituk — one of the last residential snowhouse groups, February 1963

Le campement de Qinnuayuaq sur l'île Qikiqtakallak en face de Povungnituk — une des dernières agglomérations d'iglous, février 1963

foreword

Povungnituk,[1] on the east side of Hudson Bay, is one of the main centres for contemporary Inuit carving in Canada. In 1958-59, under the active encouragement of Father André P. Steinmann, O.M.I., the Povungnituk carvers depicted some of their oral traditions in soapstone. Of the resulting 'legend carvings', about forty came to the Canadian Museum of Civilization through arrangements made with the Sculptors' Society of Povungnituk (precursor of the actual cooperative) by Dr. Asen Balikci. Dr. Balikci, who visited Povungnituk in 1958 as a museum ethnologist, also photographed a score of other such carvings which went to other purchasers. The addition of several later carvings to those collected or photographed by Dr. Balikci has brought the number presented here to sixty-eight carvings illustrating forty-six 'stories' - myths, legends, historical accounts, and observations. For each narrative, the carver and the storyteller, usually the same person, are indicated by name and government disc list number.[2] Catalogue numbers are given for the carvings at the museum, beginning 'IV-B' for museum specimens and 'NA' for the few belonging to the collection of the Department of Indian and Northern Affairs.

---

[1] Sometimes spelled 'Povungnetuk,' often abbreviated to 'POV.', Puvirngnituq might be freely translated as 'smells of food (i.e., meat) that has been put away for a long time,' one explanation being that, since so many belugas used to be taken and butchered there, the place, in time, began to reek of them.

[2] To avoid administrative confusion because of the general lack of surnames and frequent identicality in naming, every Inuk in Canada has been given a serial number stamped on a red fibre disc. This number is usually scratched on the bottom of carvings along with the carver's name in syllabic or alphabetic letters.

avant-propos

Povungnituk[1], situé sur le côté est de la baie d'Hudson, est l'un des principaux centres de la sculpture inuit contemporaine au Canada. Au cours des années 1958 et 1959, vivement encouragés par le Père André P. Steinmann, O.M.I., les sculpteurs de Povungnituk entreprirent de représenter quelques-unes de leurs traditions orales en stéatite. Le Musée canadien des civilisations fit l'acquisition d'une quarantaine de ces sculptures grâce aux dispositions prises par M. Asen Balikci avec la Sculptors' Society of Povungnituk, précurseur de la coopérative actuelle. M. Balikci, qui a visité Povungnituk en 1958, à titre d'ethnologue du musée, a photographié un certain nombre d'autres sculptures qui sont passées aux mains d'autres acheteurs. Aux sculptures collectionnées ou photographiées par M. Balikci, on a ajouté d'autres sculptures acquises plus tard, de sorte que le présent ouvrage offre soixante-huit sculptures qui représentent quarante-six «histoires» (mythes, légendes, récits historiques et observations). Dans chaque cas, on indique le nom du sculpteur et du narrateur (il s'agit habituellement de la même personne), ainsi que son numéro matricule[2]. À chacune des sculptures qui se trouvent au musée on a attribué un numéro de catalogue commençant par «IV-B», dans le cas des pièces qui font partie de la collection du musée même, et par les

---

[1] Parfois épelé «Povungnetuk», souvent abrégé en «POV», le mot Puvirngnituq peut être traduit librement par «relents de nourriture (c.-à-d. de viande) que l'on garde depuis longtemps». Il vient de ce qu'on prenait tellement de bélougas qu'on dépeçait à cet endroit qu'à la longue la place commença à empester.

[2] Au Canada, on a donné à chaque Inuk un numéro matricule estampé sur une plaque d'identité de fibre rouge, afin d'éviter la confusion au point de vue administratif, vu que, dans bien des cas, les Inuit portent le même prénom et que, de façon générale, ils n'ont pas de nom de famille. Ce numéro matricule est habituellement gravé au bas des sculptures, à côté du nom du sculpteur qui est écrit en caractères syllabiques ou alphabétiques.

Most of the stories associated with the carvings were collected both in writing and on magnetic tape. As each carving was finished, it was brought into the Sculptors' Society's establishment together with its story written in syllabics by the carver. These texts were carefully preserved by Father Steinmann. Where used, they are marked 'syllabic text.' Many of the stories were tape-recorded by Dr. Balikci, and where these are used, the catalogue numbers beginning with 'BA' are given. Following the letters, the first number is that of the tape, the second is the item number. Numbers preceded by 'AR' indicate stories taped by Mr. Arima on his visits to Povungnituk in 1963 and 1964. Often a story was collected two or three, or even more times, from different individuals or as different renditions by the same person. The resulting wealth of versions was embarrassing in a way, as one might contain something another lacked, and the other might have something else again not in the first. Finally it was decided not to combine different versions nor to present all available versions in this volume but to select and offer only one version. Preference was given to syllabic texts because these were generally written while the carver was at work. The syllabic texts tend to be more concise than the tape-recorded accounts, which are often a bit disorganized, repetitious, and, at times, even 'ungrammatical.' The syllabic texts have certain drawbacks of their own in that they are sometimes ambiguous, the syllabary in use being underdifferentiated, and they are sometimes overly condensed to the point of sketchiness. For the few accounts that are fragmentary and not so meaningful as they might be, fuller variants are noted.

There were many who contributed to the making of this book, several of whom deserve special acknowledgement. First of all, I would like to thank the translators, Mr. B. Saladin d'Anglure, Father Steinmann, O.M.I. and Zebedee Nungak (the latter having collaborated with me in completing the original text); second, my kind hosts who so warmly welcomed me to Povungnituk, Taivitialuk, Maina, Gaili and Matiusi; and other residents of Povungituk who assisted me, Father J. Meeus, (O.M.I.) Messrs. P. Furneaux and S. Mallon. I am particularly grateful to the carvers and storytellers, the true authors of this work, Taivitialuk, Saali, his brother Aisa, Aisa Qupiqrualuk, Saamisa, Liivai Qumaaluk, Yuanasi Qinnuayuaq, Aisa

lettres «NA» dans le cas des quelques pièces qui font partie de la collection du ministère des Affaires indiennes et du Nord canadien.

La plupart des récits se rapportant aux sculptures ont été recueillis par écrit et sur bande magnétique. Lorsqu'une sculpture était achevée, elle était apportée à l'établissement de la Sculptors' Society, avec le texte du récit écrit en caractères syllabiques par le sculpteur. Le Père Steinmann a précieusement conservé ces textes qui sont indiqués comme «textes syllabiques» lorsqu'ils sont utilisés. Plusieurs des récits ont été enregistrés sur bande magnétique par M. Balikci et, lorsqu'on s'en sert, on en donne le numéro de catalogue qui comprend, d'abord, les lettres «BA», puis un premier numéro, celui de la bande magnétique et un second numéro, celui de l'article. Les numéros commençant par «AR» identifient les récits que M. Arima a enregistrés lors de ses voyages à Povungnituk en 1963 et en 1964. Dans bien des cas, on a recueilli une même histoire de plusieurs personnes différentes ou plusieurs versions différentes d'une seule personne. Dans un sens, l'abondance de versions différentes a causé l'embarras du choix, c'est-à-dire qu'une version pouvait contenir des éléments qui n'existaient pas dans une autre et cette autre contenir des détails que la première ne donnait pas. Il a donc été décidé de ne pas combiner des versions différentes ni de les présenter toutes dans le présent volume mais d'en choisir seulement une. La préférence a été accordée aux textes écrits en caractères syllabiques, qui, en général, ont été rédigés par le sculpteur lui-même au moment où il a exécuté son œuvre. Ces textes sont généralement plus concis que les récits enregistrés sur bande magnétique qui sont souvent un peu décousus, pleins de répétitions et même parfois «grammaticalement incorrects». Les textes syllabiques présentent toutefois certains inconvénients particuliers : ils sont parfois ambigus car le syllabaire utilisé n'est pas assez différencié et quelquefois ils sont tellement condensés qu'ils manquent de précision. Pour les quelques récits fragmentaires et qui n'offrent pas toute la signification qu'ils pourraient avoir, on a indiqué certaines versions qui sont plus complètes.

Parmi tous ceux qui ont contribué à la préparation de ce volume, il convient d'en remercier au moins quelques-uns de façon particulière. Tout d'abord, je tiens à remercier les traducteurs, M. B. Saladin

Tulugaq, Putuguq and Yuani Innupaq. Notwithstanding are Johnny "POV", Yu Talirunilik, Manukulu and Aqpaliraq, all of whom expressed heartfelt warmth. And finally, Dr. Balikci who brought together most of the carvings to the museum and recorded the stories related to them; Messrs. A.D. DeBlois, D.J. Damas, G.M. Day, C.A. Davis, J.G.E. Smith and C. Guy, all from the museum who offered me counselling and support; Mrs. Toby Rainey and Mr. Richard Garner who worked patiently with the photographs. I would also like to thank Mrs. Liliane DeBlois, Miss Marie Desjardins and Mr. Larabie, who revised, at different stages, the translations.

Eugene Arima

d'Anglure, le Père Steinmann, O.M.I. et Zebedee Nungak (qui a intimement collaboré à la mise au point du texte original); ensuite, mes hôtes bienveillants, Taivitialuk, Maina, Gaili et Matiusi qui m'ont si aimablement accueilli à Povungnituk; les autres résidents qui m'ont aidé de façon pratique au cours de mes voyages, soit le Père J. Meeus, O.M.I., MM. P. Furneaux et S. Mallon. Parmi les véritables auteurs de ce livre, les sculpteurs et les narrateurs, plusieurs m'on été d'un grand secours : Taivitialuk, Saali, son frère Aisa, Aisa Qupiqrualuk, Saamisa, Liivai Qumaaluk, Yuanasi Qinnuayuaq, Aisa Tulugaq, Putuguq et Yuani Innuppaq. Je me dois aussi de mentionner Johnny «POV», Yu Talirunilik, Manukulu et Aqpaliraq qui ont fait preuve d'une grande cordialité. Je dois remercier encore M. Balikci qui a réuni la plus grande partie des sculptures au musée et enregistré un grand nombre des récits qui s'y rattachent; MM. A.D. DeBlois, D.J. Damas, G.M. Day, C.A. Davis, J.G.E. Smith et C. Guy, tous du musée, qui m'ont donné leurs avis et leur appui; Mme Toby Rainey et M. Richard Garner, qui ont travaillé avec patience aux photographies. Je veux remercier aussi Mme Liliane DeBlois, Mlle Marie Desjardins et M. Larabie qui ont révisé les traductions à divers stades.

Eugene Arima

editorial note

This work combines in one volume the English and French versions of the National Museums of Canada's Bulletin 235 previously published under the following titles: *eskimo stories - unikkaatuat* and *Légendes inuit de Povungnituk, Québec*. In this new edition of Inuit stories, the English and French translations from the original Inuktitut texts are presented side by side.

Since both translations were done independently from Inuktitut, the version in one official language will not necessarily correspond to the other. Both versions are nevertheless in accordance with the original text. In order to preserve the ethnological value of the narration, the author's oral style and syntax are maintained.

The essay which appeared in the previous issue of these stories has been removed. The emphasis here is placed on the carvers' narratives. The photographs of the carvers were taken during the sixties, while at the same time the artwork for this book was created. Although the writing (graphy) of the carvers' names might have changed since the previous editions, we have chosen to maintain that of the original version.

For economy of space we have abbreviated the words "height" and "length" which accompany measures in text illustrations with the letters "h." and "l." (followed by a period). Those abbreviations symbolize the above-mentioned sizes in both languages.

We have included in this book, for the benefit of readers, a "suggested reading" list which contains in addition to basic books, references to recent publications dealing with Inuit mythology.

We would like to thank the "Fédération des Coopératives du Nouveau-Québec" for their interest in this publication, and more particularly Mrs. Mary Craig and Mr. Serge Bedikian for their advice and encouragement. We are also grateful to Mrs. Odette Leroux from the Canadian Museum of Civilization's Canadian Ethnology Service for her help and assistance.

note de l'éditeur

Le présent ouvrage réunit en un seul volume les deux versions anglaise et française de l'ancien Bulletin numéro 235 des Musées nationaux du Canada parues précédemment sous les titres suivants : *eskimo stories - unikkaatuat* et *Légendes inuit de Povungnituk, Québec*. Cette nouvelle édition des légendes inuit présente côte à côte, chacune indépendamment, les traductions française et anglaise rendues des textes de départ en langue inuktitut. La traduction dans une langue officielle ne répond pas nécessairement à celle de l'autre langue officielle, car elles ont été exécutées chacune séparément à partir de l'inuktitut. Les deux versions respectent cependant les textes de départ et, afin de préserver la valeur ethnologique du récit d'origine, sont présentées dans le style et la syntaxe de l'auteur.

En rééditant les légendes inuit nous laissons la parole aux sculpteurs; c'est pourquoi nous supprimons l'essai qui apparaissait à la fin de l'édition précédente. Les photographies des sculpteurs ont été prises au moment où ces derniers ont produit les œuvres de cette publication, soit au cours des années soixante. La graphie de leurs noms a pu varier depuis ce temps, mais nous reprenons ici celle qui figurait dans les éditions originales.

Pour des raisons d'économie nous abrégeons les mots «hauteur» et «longueur» qui accompagnent les mesures des bas de vignettes à l'aide des seules lettres «h.» et «l.» (suivies d'un point). Ces abréviations représentent les noms des dimensions susmentionnées dans les deux langues officielles.

Pour le bénéfice du lecteur, nous avons ajouté à la fin de ce livre une liste de «lectures recommandées» contenant, outre les ouvrages de base, des références à des publications récentes sur la mythologie inuit.

Enfin, qu'il nous soit permis de remercier la Fédération des Coopératives du Nouveau-Québec pour leur intérêt dans cette publication, et plus particulièrement, Mme Mary Craig et M. Serge Bedikian pour leurs conseils et leurs encouragements. Nous sommes également reconnaissants à Mme Odette Leroux du Service canadien d'ethnologie, Musée canadien des civilisations, pour l'aide qu'elle nous a apportée.

carvers and storytellers

sculpteurs et narrateurs

 Yuanasi Qinnuayuaq
 Saali Arngnaituq
 Saamisa Paqsauraaluk

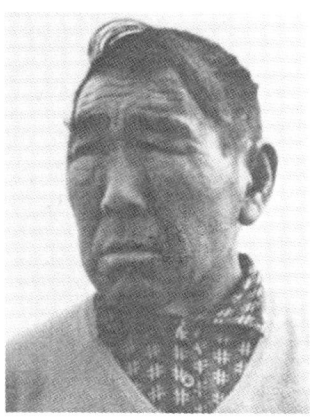 Yuanasialuk Iqqumiaq
 Piita Angutiggiq
 Putuguq Pilupusi

 Aisa Qupiqrualuk
 Saima Qitsualuk
 Gaimisi Qimagailaaq

Aisa Qumaaluk

Luukasi Uittanga

Taivitialuk Alaasuaq

Aisa Tulugaq

Liivai Qumaaluk

Yuani Inuppaq Qumanguaq

Liivai Alaasuaq

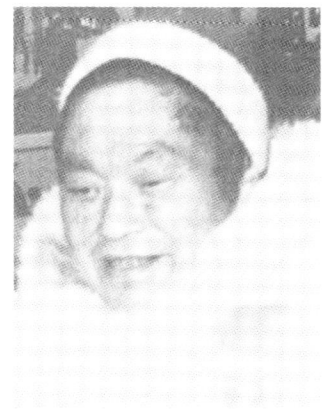
Nua

stories   légendes

Plate 1
A. The giant listening for breath
(h. 19.5 cm)
B. The giant carrying the man
(h. 30.5 cm)

Planche 1
A. Le géant cherchant un signe de vie
(h. 19.5 cm)
B. Le géant portant l'homme sur son dos
(h. 30.5 cm)

1 ᐃᓗᐸᔪ ᐃᓄᒃ

the giant and the man

Carvings and story by Saali Arngnaituq E9-1460 (syllabic text)

It is like this: A man is going fishing because he is hungry. He is fishing, but he still hasn't caught any. He is fishing for a long time now, looking about in all directions for game. He is still fishing. Because he is looking, turning his head about in all directions for anything, he sees a man who is coming over the horizon and who is overly large. He sees a giant and is wondering what to do. "I'm going to be killed," he thinks. Having heard that giants are usually alone, he thinks, "Perhaps I will pretend to be dead." And so he pretends to be dead. As the giant is arriving, he holds his breath. When he arrives, the giant is listening to see whether he has any breath. As he has no breath, he takes hold of him. "He has no strength and so he is dead," the giant thinks. So then he seizes him, wishing to carry him on the back with a line. He ties him up for carrying. The man is pretending to be frozen and tries not to breathe. He makes a lot of effort not to breathe at all as he is being carried on the back. He looks frozen since he is pretending to be so. He sees willows as they were going through them. While the man is being carried, he gets an idea, "Now maybe if I grabbed onto the willows, he will get tired."

le géant et l'homme

Sculptures et histoire de Saali Arngnaituq E9-1460 (texte syllabique)

C'est ainsi : Un homme s'en va pêcher car il a faim; il pêche, mais n'a pas encore attrapé de poissons. Il pêche longtemps tout en scrutant du regard toutes les directions pour voir s'il n'y aurait pas de gibier; il pêche toujours, mais comme il tourne la tête dans tous les sens pour voir s'il n'y a pas quelque chose, il voit apparaître à l'horizon un homme immense. Il voit un géant et se demande ce qu'il doit faire. «Je vais être tué», pense-t-il. Cependant, ayant entendu dire qu'ils [les géants] se déplacent habituellement seuls, il pense : «Peut-être pourrais-je feindre d'être mort». Il feint effectivement d'être mort. Comme le géant arrive, il [l'homme] s'apprête à retenir son souffle. Le géant, quand il est arrivé, se met à écouter pour savoir s'il respire. Mais comme il n'a pas de souffle, il l'empoigne. «Il est sans force, il est donc bien mort», pense le géant. Il le saisit donc pour le porter sur son dos avec une lanière. Il attache son fardeau. L'homme s'efforce d'avoir l'air gelé et de retenir son souffle. Il fait de grands efforts et retient longtemps sa respiration alors qu'on le charge sur le dos. Avec tous les efforts qu'il fait pour avoir l'air gelé, il a vraiment l'air d'être gelé.

Plate 2
A. The man taking the axe
(h. 19.5 cm)

Planche 2
A. L'homme prenant la hache
(h. 19.5 cm)

He has been grabbing onto the bushes and letting go of them, and the giant has been pulling hard. When, after taking hold of the bushes, he releases them, the giant nearly falls down. When he nearly falls over, the giant rests, listening for breath but with the man appearing not to have any. Starting to walk again, he goes through the willows. When the man, grabbing the willows, pulls hard, the giant almost falls down. He is tiring, the giant, because the man has been pulling hard.

He reaches his big home. The giant carries the man in and props him up by the entrance [to thaw]. Since he is too tired to want to do anything at all, he lies down on the sleeping platform. His big wife is gone to get some wood, the man being the reason for getting the wood. When the man knows that he is the reason for gathering wood, he opens the corners of his eyes just a tiny bit. He is trying to look around a little while seeming not to look for anything. The big

Comme ils traversent une saussaie, l'homme qui est porté sur le dos voit les saules et se met à avoir une idée : «Peut-être que si je m'agrippais aux saules, il se fatiguerait». Il s'y accroche donc souvent et puis les lâche alors que [l'autre] tire. Quand il lâche après s'être agrippé, [le géant] trébuche. Après avoir manqué tomber, le géant se repose et écoute pour savoir s'il [l'homme] respire, celui qui semble ne pas avoir de souffle parce qu'il retient sa respiration.

Il [le géant] se remet en marche à travers la saussaie et comme il [l'homme] fait de grands efforts en s'agrippant aux saules, le géant trébuche souvent et se fatigue parce que [l'homme] s'agrippe. Il arrive alors à sa grande demeure; le géant [y] introduit [l'homme] et le dresse près de l'entrée. Puis, comme il est très fatigué, il se couche sur sa litière. Sa grande femme s'en va chercher du combustible, c'est pour l'homme qu'elle s'en va chercher du combustible. Comprenant que c'est pour lui qu'elle va chercher du

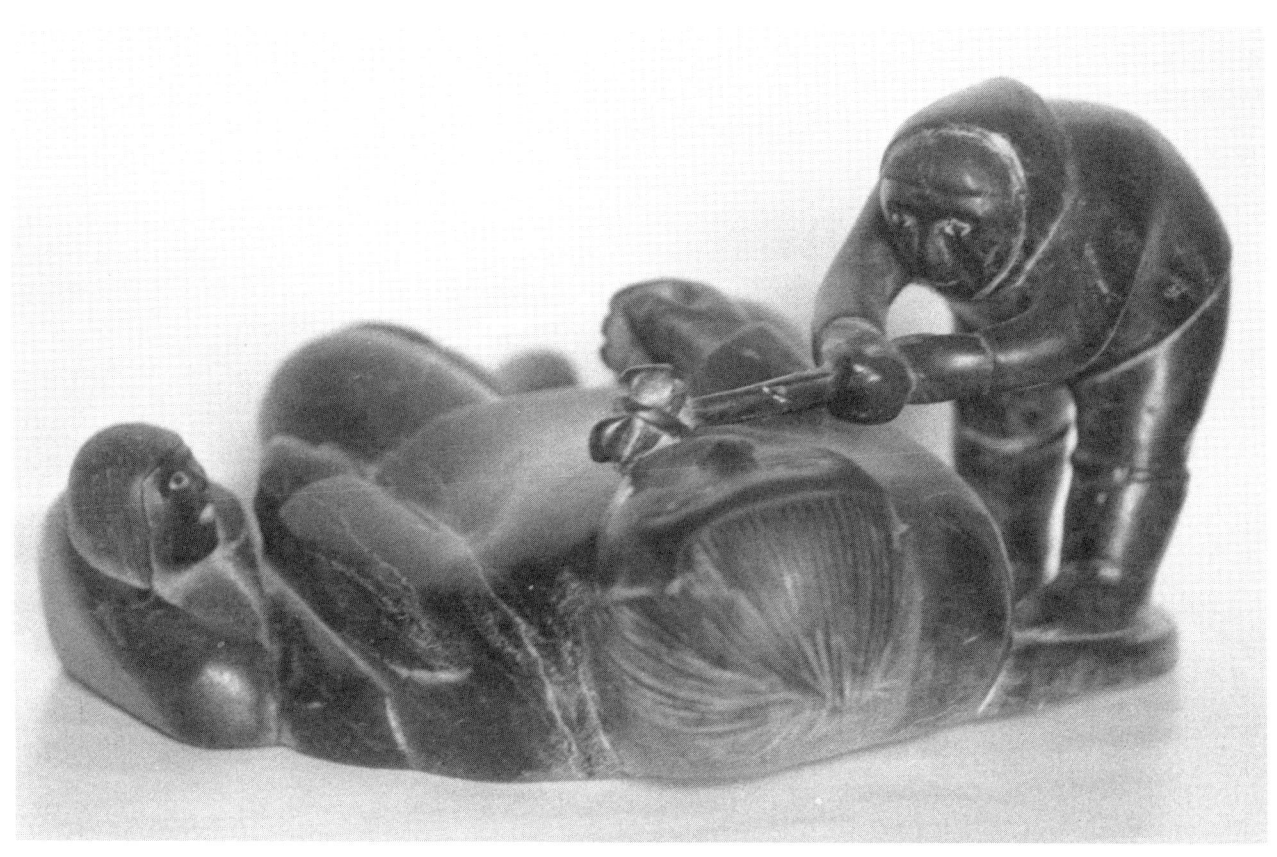

B. The man axing the giant
(l. 32 cm)

B. Décapitation du géant
(l. 32 cm)

children say, "Father, his eyes are opening." The giant answers, "That one down there hasn't any breath; he's dead."

The man notices the giant's big axe beside him because he feels it. The giant is going to sleep. Although he is being spoken to by his big children, he no longer answers. When the man thinks he is asleep, he takes the axe while appearing not to. He axes the giant. While the big entrance, which can be pinned shut, is still open, he goes out.

Going out, he sees the big wife. The man runs away. Seeing him, the big woman has started to chase him, and is gaining on him. When the man is almost overtaken, he has an idea: "Maybe if I chop it, it will split apart," he thinks. So he chops [the ground], and a river flows. The man goes on the other side. He waits, trying to find out what will happen. The big woman is stopping and saying,

"How did you get across this?"
"By drinking it," she is answered.

combustible, l'homme s'efforce de regarder un tout petit peu, du coin de l'œil, en faisant semblant de ne rien chercher.

Les deux grands enfants [du géant] s'écrient ensemble : «Père ses deux yeux s'entrouvrent!» Le géant répond : «Il ne respire pas celui-là, il est mort». À nouveau l'homme aperçoit à côté de lui la grande hache [du géant], il la sent en tâtonnant. Le géant s'endort et, bien que ses grands enfants l'interpellent, il ne répond plus.

Comme l'homme pense qu'il est endormi, il s'efforce, sans en avoir l'air, de saisir la hache. Il donne [ensuite] de grands coups de hache au géant et trouvant ouverte la grande entrée dont la fermeture est actionnée par une cheville, il sort. En sortant, il aperçoit sa grande femme [celle du géant]. Celui-ci, l'homme, se met aussitôt à fuir. Lorsque la grande femme [le] voit, elle se met à courir après [lui] et de plus en plus elle gagne du terrain. L'homme qui est en train de se faire rattraper a alors une idée : «Peut-être que si je donnais des coups de hache à cet endroit, cela se fendrait». Il donne effectivement des coups de

Plate 3

A. The giantess drinking the river

(l. 23 cm)

B. The man with the axe

(h. 28.5 cm)

Planche 3

A. La géante en train de boire la rivière

(l. 23 cm)

B. L'homme à la hache

(h. 28.5 cm)

So then, the big woman starts drinking. When she is about to burst, she is told by the man, "Finish it now." And so, trying to finish it, she is drinking extremely fast. She simply bursts, exploding. When she bursts, she forms mist. It's very foggy all around. This is how fog came to be everywhere. The man just stayed put there because it was foggy and he didn't know where to go. When it became windy, the fog was blown away, and when the fog was gone, he started home. These then are the words about "The Giant and the Man."

hache [sur le sol] et une rivière en jaillit. L'homme rejoint l'autre côté et attend pour voir ce qui va se passer. La grande femme s'arrête et dit : «Comment l'as-tu traversée?» Elle se fait répondre : «En la buvant». Alors la grande femme se met à boire [et] lorsqu'elle est sur le point d'éclater elle se fait dire par l'homme : «Finis-la! [va jusqu'au bout]». De fait, s'efforçant d'en venir à bout, elle se met à boire très rapidement; elle explose tout simplement en crevant et comme elle a crevé elle crée [ainsi] le brouillard. C'est ainsi qu'il a commencé à y avoir partout du brouillard. Comme il y avait du brouillard, l'homme resta sur place car il ne savait plus dans quelle direction aller. [Puis] il se mit à venter et son brouillard [de la grande femme] se dégagea peu à peu; [ainsi] le brouillard s'étant dissipé, l'homme rentra chez lui. Voilà les paroles prononcées par le géant et par l'homme.

Plate 4
Two Tuniit contesting
(*Photo* Asen Balikci)

Planche 4
Combat de Tuniit
(*Photo* Asen Balikci)

Plate 5
The 'duelling ground'

Planche 5
Le terrain de combat

2 the two tuniit who contested with bows and arrows

*Carving and story by Yuanasialuk Iqqumiaq
E9-1407 (syllabic text)*

The story about the two [in the carving] is as follows: Being Tuniit [a legendary early people], without hating one another they were just trying each other out. I have heard of how their lives might have been. Not hating one another but wishing to see which would live the longer, they started working on each other for a whole month. Since they were Tuniit [strong and energetic], they started early in the morning, every day, exchanging arrows back and forth from their bows, just pulling them out of the ground [where they stuck]. With deeply worn paths, the two spots where they worked on each other are still very clearly visible today. Also visible is the place where they lived, for they lived close inland. When they stopped [shooting each other], they wanted to see whether they could reach a hazy far-off hill. One of them, holding up his innards, as they were always poking out through his wounds, did not get there. The other one got there, but he too was just going to die. The first ones used to try each other out in everything. That is the way I have heard it; that's all.

NOTE: The 'duelling ground' of Povungnituk is on a low hill at Iniqyuaq, 'the big place,' at three and a half kilometres upriver from the present settlement and on the other side. The distant hill the Tuniit tried to reach is Pinguq, about two hours away by dog-team.

les deux tuniit qui se mesurèrent à l'arc

*Sculpture et histoire de Yuanasialuk Iqqumiaq
E9-1407 (texte syllabique)*

Voici l'histoire de ces deux [qui figurent sur la sculpture]; c'était des Tuniit [peuple des origines mentionné dans les légendes] qui sans nourrir de mauvais sentiments l'un à l'égard de l'autre aimaient se mesurer. J'ai entendu raconter comment il semble qu'ils aient vécu. Durant toute une lunaison, ils s'affrontèrent, sans haine, voulant savoir lequel des deux aurait la vie la plus longue. Comme ils étaient des Tuniit [forts et vigoureux] ils se levaient chaque jour de bonne heure et se tiraient dessus à l'arc échangeant les flèches [qu'ils se tiraient] et les retirant du sol où elles se plantaient. Leurs deux traces sont encore toujours très visibles aux deux emplacements qu'ils occupaient pour s'affronter. Ils avaient leurs demeures non loin dans les terres; c'est là qu'ils vivaient. Lorsqu'ils arrêtèrent [de se tirer] ils voulurent voir s'ils arriveraient à atteindre une colline perdue au loin dans la brume. L'un d'eux qui retenait ses entrailles qui sortaient continuellement par ses blessures, n'y parvint pas du tout; l'autre y parvint mais il mourut tout bonnement peu après. Ceux qui nous ont précédé se provoquaient [ainsi] pour n'importe quoi. C'est ainsi que j'ai entendu raconter, c'est fini.

NOTE : Le «terrain de combat» de Povungnituk est situé sur une colline peu élevée à Iniqyuaq, «la grande place», à trois kilomètres et demi en amont de l'établissement actuel, et de l'autre côté de la rivière. La colline que les Tuniit essayaient d'atteindre est Pinguq, à environ deux heures de voyage en traîneau.

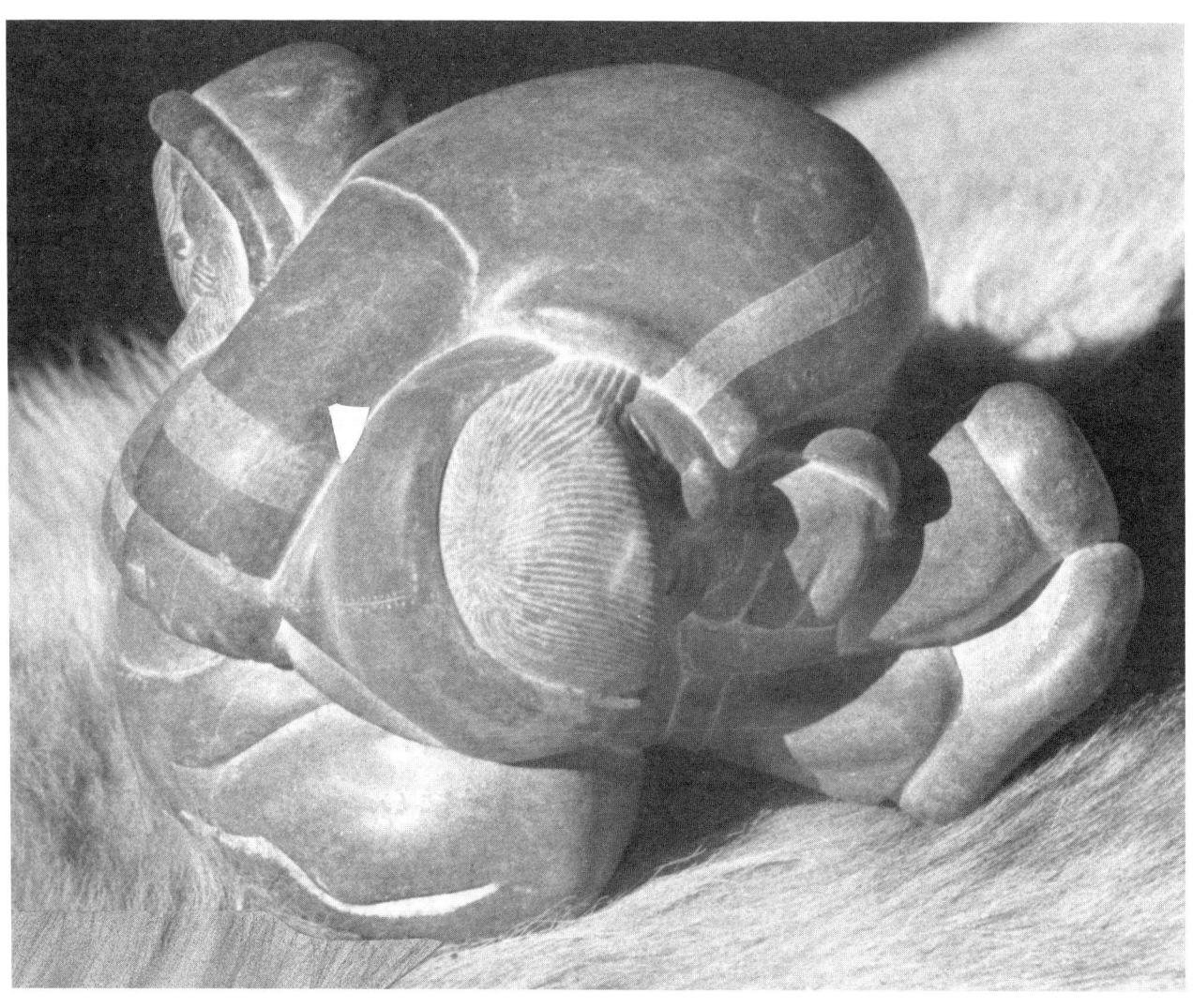

Plate 6
A. Aqsauyayuq and the Tuniq fighting
(*Photo* Asen Balikci)

Planche 6
A. Lutte entre Aqsauyayuq et le Tuniq
(*Photo* Asen Balikci)

3 ᐊᖅᓱᐅᔭᕐᔪᖅ

aqsauyayuq

Carving and story by Saima Qitsualuk E9-1366 (syllabic text)

This carving here is of a man named Aqsauyayuq. He was being worked upon by a Tuniq because his wife was a beautiful woman. The first time, the Tuniq brought a male polar bear slung on his back, walking like that. When Aqsauyayuq sees him, he feels like fighting him. The Tuniq, taking the load off his back with much effort, wants Aqsauyayuq to try to see whether he can do it. When Aqsauyayuq does the same effortlessly and does it better, the Tuniq wants to have a fight. As they fight, the Tuniq's bearskin pants are getting torn when they exert their strength, and he doesn't beat the one he feels like fighting.

Still he wants to try something else. He wants to see whether his middle finger isn't any stronger than Aqsauyayuq's. He wants to take the head of a walrus into a camp farther off, carrying it with the middle finger. Now this one [Aqsauyayuq in the far camp] who was being brought it will go out for a try. When he [the Tuniq] gets in [the far camp], Aqsauyayuq tries to do better. When the Tuniq is finished, Aqsauyayuq

aqsauyayuq

Sculpture et histoire de Saima Qitsualuk E9-1366 (texte syllabique)

Voici une sculpture qui représente un homme du nom d'Aqsauyayuq; il fut provoqué par un Tuniq, car son épouse était une belle femme. Pour commencer, ce Tuniq arriva avec un grand ours blanc, un grand mâle, qu'il portait sur le dos tout en marchant. Lorsque Aqsauyayuq le vit, il pensa pouvoir en faire autant. Le Tuniq déchargea son fardeau en faisant de grands efforts et lui demanda d'essayer à son tour, pour voir s'il était capable d'en faire autant. Celui-ci, Aqsauyayuq, mit la charge sur son dos de bien meilleure façon, et sans le moindre effort; [alors] le Tuniq voulut faire de la lutte; comme ils étaient en train de lutter, le pantalon en peau d'ours du Tuniq se déchira, tellement ses muscles étaient tendus car il n'arrivait pas à venir à bout de celui qu'il avait bien pensé réduire.

Il voulut alors essayer une autre [épreuve] consistant à mesurer la force de son majeur à celle du majeur d'Aqsauyayuq; il s'efforça donc de porter une tête de morse, qu'il tenait avec son majeur, chez

B. Aqsauyayuq with the walrus head
(*Photo* Asen Balikci)

B. Aqsauyayuq et la tête de morse
(*Photo* Asen Balikci)

returns to the other camp from where the Tuniq started out, getting there promptly and effortlessly. And now, having entered the far-off camp, he is just returning without taking it [the walrus head] off. With the Tuniq, his middle finger would not let him return, but with Aqsauyayuq his middle finger does. Because he cannot beat his opponent, the Tuniq bothers him no longer. He walks away, the Tuniq, while Aqsauyayuq stops since they are finished. Those who have seen him have an image of him.

    After that, he was being contested again by his fellow men because of his wife who was so beautiful and fine. He used to carry his kayak with his wife inside braiding her hair and their belongings as well. It is true about his being strong. Later he was being worked upon by others who did not know about him. I'm not telling about that because it isn't carved yet.

des gens qui habitaient [au loin] de l'autre côté. Comme celui-là [le Tuniq], qui l'avait mis au défi de porter ainsi, s'apprêtait à ressortir pour qu'il essaye [à son tour], Aqsauyayuq qui était entré commença à se diriger de l'autre côté, en face, dans la direction des gens qui habitaient de l'autre côté à l'endroit d'où [le Tuniq] avait pris le départ. Il parcourut le même chemin mais d'une seule traite et à vive allure, le Tuniq, lui, s'était arrêté; une fois entré [avec son fardeau] là-bas chez les gens qui habitaient en face de l'autre côté sans même poser un instant [sa charge], il s'en retourna avec elle, tout bonnement. Le Tuniq avec son majeur n'avait pas réussi à revenir, Aqsauyayuq avec son majeur y était parvenu. Comme le Tuniq n'était pas à la mesure de son adversaire, il cessa de l'importuner; le Tuniq partit à pied, après qu'ils eurent fini [de se mesurer] et se furent arrêtés. C'est bien son portrait tel que certains l'ont vu.

    Par la suite, il fut encore provoqué par ses compagnons de camp toujours au sujet de sa femme qui était très belle. Celui-ci [Aqsauyayuq] avait l'habitude de porter son kayak sur ses épaules pendant que sa femme confectionnait des tresses de tendons à l'intérieur du kayak et qu'elle [y] avait tous ses ustensiles. Ceci est vrai car il était très fort celui-là et, par la suite, il fut encore provoqué par des gens qui ne le connaissaient pas. Mais je ne le raconte pas car cela n'a pas encore été sculpté.

Plate 7
Qiituq and Nuiliq fighting
(l. 21.5 cm; *Photo* Richard Garner)

Planche 7
Lutte entre Qiituq et Nuiliq
(l. 21.5 cm; *Photo* Richard Garner)

4 ᑭᑐᖅ ᓄᐃᓕᖅ

qituq and nuiliq

Carving and story by Nua E9-848 (IV-B-1305; syllabic text)

This Qiituq wanted to have a fighting contest because he thought he was a real big man. And then when they fought, he won effortlessly. Just because he always won, he would say to his opponent, "This one's a woman. Being but a woman, he can't do anything." He would say that, but unbeknownst to him his opponent would not be putting forth any strength on purpose.

Suddenly he could not even do it with the left hand [i.e., pull it forth]. As they fought with the middle fingers and he was told, "This one's a little woman. Look at the little woman!" he trembled a great deal [with humiliation]. Qiituq started fighting first; then Nuiliq did a thankful deed.

qituq et nuiliq

Sculpture et histoire de Nua E9-848 (IV-B-1305; texte syllabique)

Celui-ci, Qiituq, voulait toujours se battre car il se croyait un homme très fort. De fait lorsqu'il se battait avec quelqu'un il gagnait sans difficulté; comme il gagnait facilement il avait l'habitude de s'adresser ainsi [à son adversaire] : «C'est une femme celui-ci, et comme ce n'est qu'une femme il n'a pas de force [pour se battre]». C'est ainsi qu'il avait l'habitude de dire.

Mais voilà [qu'un jour] il ne parvint même pas à déplier le bras gauche d'un adversaire qui pourtant, volontairement, ne donnait pas toute sa force, alors qu'ils s'affrontaient [tous deux] en se tenant par le majeur. Comme ils luttaient ainsi, Qiituq se fit dire [par son adversaire] : «Celui-ci est vraiment une petite femme... regardez la petite femme!» Il se mit alors à trembler fortement, lui qui avait voulu se battre; Nuiliq, lui, avait fait une action méritoire.

Plate 8
Saakiluusi about to be shot
(h. 21.5 cm; *Photo* Richard Garner)

Planche 8
Décochage d'une flèche en direction de Saakiluusi
(h. 21.5 cm; *Photo* Richard Garner)

5 ᓴᑭᓗᓯ

saakiluusi

Carving and story by Nua E9-848
(IV-B-1291; syllabic text)

Long ago people called the ones who, though human, were bigger than ordinary people and dangerous, Tuurnngaq [Tuniq elsewhere]. The Tuurnngaq had houses of solid rock. While they were living, they were called Tuurnngaq by the people because they were dangerous. They used to kill people, make hunters disappear.

    This one dangerous Tuurnngaq was named Saakiluusi. Because his parka was short in front and stuck out [saakittuq], his belly showed. He had a house in the solid rock and made people disappear, for he was fierce and dangerous. Because he was like that, making them disappear, a man went over to his house to kill him. He went to the entrance of his house to wait there, for he had a bow. And so he was waiting at the entrance for him to come out. So then the Tuurnngaq was coming out. He came out, but he didn't see the man at the entrance. He was looking for things only in the distance since he assumed that there wasn't anybody at all there nearby. He looked only in the distance. Unbeknownst to him he was standing over a man. Shading his eyes with his hand to get under the low sun, he searched, hunting for people, for he was fierce and dangerous. Before he saw the man that was with him, he was hit in the belly by an arrow. Gasping for breath, he just went in suddenly and died there inside of his house. That is the story.

saakiluusi

Sculpture et histoire de Nua E9-848
(IV-B-1291; texte syllabique)

Il y a longtemps les gens [Inuit] désignaient sous le nom de Tuurnngaq des êtres qui, bien qu'étant des êtres humains, étaient dangereux et de taille plus élevée que les humains ordinaires. Les Tuurnngaq avaient habituellement leurs demeures dans les rochers. Bien qu'ils fussent des êtres humains, on les appelait Tuurnngaq parce qu'ils étaient dangereux. Ils tuaient des hommes, faisant disparaître ceux qui voyageaient, et, bien qu'ils fussent des êtres humains, ils étaient plus grands que les hommes. Celui-ci est un dangereux Tuurnngaq qui avait pour nom Saakiluusi, car le devant de son parka était très court [saakittuq] et comme il était très court, on voyait son ventre. Il habitait dans les rochers et il faisait disparaître des hommes car il était dangereux.

    Comme il avait ainsi l'habitude de faire disparaître [des gens] on raconte qu'un homme se dirigea vers son antre dans l'intention de le tuer. On dit qu'il se mit à l'affût, armé d'un arc, à l'entrée de sa demeure [celle du Tuurnngaq]. De fait, il se mit à faire le guet devant l'entrée, attendant que [l'autre] sorte. Comme prévu, il sortit; il sortit sans voir l'homme qui se trouvait à l'entrée, car il scrutait du regard dans le lointain seulement, persuadé qu'il n'y avait personne ici tout près. Il scrutait du regard au loin seulement, et voilà qu'il marchait [presque] sur un homme; comme il était dangereux, il cherchait du regard s'il ne voyait pas un homme, mettant sa main en visière pour se protéger du soleil car le soleil était bas [sur l'horizon]. Avant qu'il ne vît l'homme qui était à côté de lui, à l'entrée, il fut atteint d'une flèche dans le ventre. Comme il perdait son souffle, il rentra précipitamment à l'intérieur, et mourut à l'intérieur de sa demeure. Voilà l'histoire.

Plate 9
A. Ikuutayuuq drilling
(h. 19 cm; *Photo* Richard Garner)

Planche 9
A. Ikuutayuuq faisant une trépanation
(h. 19 cm; *Photo* Richard Garner)

6 ᐃᑯᑕᔪᖅ

ikuutayuuq

Carvings by Nua E9-848 and Aisa Qupiqrualuk E9-801; story by Yuanasi Qinnuayuaq E9-844, Nua's father (IV-B-1290; NA-954; BA 17-7)

And once again I, Yuanasi Qinnuayuaq, am going to speak. White men and Inuit have heard of Ikuutayuuq [the one who drills]. Ikuutayuuq, together with his brother, used to drill while straddled over victims down on their backs, killing them. When they killed, they made inuksuut [piled rock pillars] at Kuuvik [a river about one hundred and eighty kilometres north of Povungnituk]. Many inuksuut stand over there where they drilled. They erected likenesses of the people they killed. Since they were big, very big ones stand at Kuuvik.

ikuutayuuq

Sculptures de Nua E9-848 et Aisa Qupiqrualuk E9-801; histoire de Yuanasi Qinnuayuaq E9-844, père de Nua (IV-B-1290; NA-954; BA 17-7)

Et de nouveau je vais raconter [une histoire], moi Yuanasi Qinnuayuaq. Les Blancs et les Inuit, ont entendu parler d'Ikuutayuuq [celui qui perce]. Ikuutayuuq, quand [sa victime] était étendue sur le dos, se mettait à califourchon sur elle et [la] perçait avec son foret, ils étaient deux à faire ainsi, deux frères, et ils la tuaient. Après avoir tué, ils construisaient un cairn de pierre à Kuuvik [rivière située à environ cent quatre-vingts kilomètres au nord de Povungnituk].

B. Fighting with a rope
(h. 33.5 cm)

B. Lutte avec des lanières
(h. 33.5 cm)

Because the strongest Tuniq loved his people, they [the Tuniq and Ikuutayuuq] used to fight, fighting without ropes. He wanted to use a rope only to hold them together because he wanted him [Ikuutayuuq] killed, for he loved the people. With a rope to connect and hold them together, they fought. When they fought, Ikuutayuuq was felled by the strongest of the Tuniit. Ikuutayuuq was killed when the Tuniq felled him. "Don't worry about stabbing me, just stab," said the Tuniq, but he was not stabbed. Ikuutayuuq had a mother, Tamakkusialuk. "Being the great Tamakkusialuk, I have no desire to watch," said Tamakkusialuk, his mother. When one of her sons was killed, the mother and the other son ran away. Since then there are no more of the Ikuutayuuq.

Beaucoup de cairns sont dressés là-bas. Ils sont faits à la ressemblance de ceux qu'ils ont tués. Ils érigeaient [des cairns] à leur image [des victimes] et comme elles étaient de grande taille, ce sont de grands [cairns] qui se dressent à Kuuvik. Comme le plus fort des Tuniit [hommes de grande taille qui étaient les victimes d'Ikuutayuuq] aimait ses compagnons, ils se battirent [Ikuutayuuq et lui]; ils se battirent sans se servir de lanières. Il voulut le saisir à la main et s'aida d'une lanière seulement parce qu'il voulait le tuer, par affection pour ses gens [ses compagnons]. Il le maintint contre lui avec la lanière dont il s'était servi pour le saisir et ils se battirent.

Comme ils se battaient, Ikuutayuuq fut renversé sur le sol par le Tuniq, le plus fort d'entre les Tuniit. Ikuutayuuq fut tué parce que le Tuniq avait réussi à le faire tomber. «Peu importe si je suis percé, percez-moi donc!», dit le Tuniq mais bien qu'il eût dit cela, il ne fut pas transpercé.

[Ikuutayuuq] avait sa mère Tamakkusialuk. «Bien que je sois la grande Tamakkusialuk je n'ai aucune envie de regarder!», s'écria Tamakkusialuk, leur mère. Comme l'un de ses fils avait été tué, alors, le fils [survivant] et sa mère s'enfuirent et comme ils s'enfuirent, il n'y a plus eu d'Ikuutayuuq.

Plate 10
The big brother taking away a seal
(*Photo* Asen Balikci)

Planche 10
Le grand-frère s'emparant d'un phoque
(*Photo* Asen Balikci)

7 ᓯᑯᓕᐊᓯᑐᖅ

sikuliasuituq

Carving and story by Aisa Qupiqrualuk E9-801 (syllabic text)

A long time ago, two people, brother and sister, were very big and very strong. They were feared and complied with by everyone. They made their living by taking seals away from others. Now when the hunter caught seals, the brother started searching their wrists. If his wrist wasn't dirty, the hunter would bring him his seal; if it was dirty, the brother wouldn't bother the hunter. To do as he did, the big brother followed the seal hunters, for although he could not walk on thin ice, he could on solid ice. He would wait for them to catch seals and would take the seals if their wrists weren't dirty. If they were dirty, he wouldn't bother them.

    Doing thus, he started to take part in staying out overnight, sleeping away from home for the first time. Now he asked, "How does one who is on his first night out sleep?" He was answered thus: "By covering up your legs and tying them." And so when he was tied up, they started stabbing him with knives inside the snowhouse. Because he was very strong, he killed more than one with his bare hands, even though his legs were tied up. When he was dead, they left him and started home.

    When they arrived home, his sister asked, "Did you kill my brother?" "No," she was answered, "He is not coming home today because he is overburdened by the seals he took away." Unknown to her she was being lied to. When she fell asleep, they began running away from her, and she was left behind. When she was alone, she simply died, being a woman.

NOTE: Sikuliasuituq means 'the one who does not go on ice.'

sikuliasuituq

Sculpture et histoire d'Aisa Qupiqrualuk E9-801 (texte syllabique)

Il y a très longtemps vivaient deux êtres humains, un frère et une sœur qui étaient très grands et très forts. Il étaient tous deux craints et on ne leur refusait rien. Ils avaient l'habitude de se nourrir de phoques qu'ils arrachaient à ceux qui les avaient tués.

    Donc lorsqu'on tuait des phoques, il [le frère] cherchait à voir leur poignet [des chasseurs]; s'il était propre, il lui arrachait [sa prise], s'il était sale, il le laissait aller. Comme il faisait ainsi, il avait l'habitude de suivre les chasseurs de phoque en marchant sur la banquise bien qu'ils [le frère et la sœur] ne pussent pas marcher sur la glace mince. Étant donc à la recherche de ceux qui prenaient des phoques, il ne dépouillait que celui dont le poignet était propre, s'il était sale, il le laissait.

    Comme il faisait ainsi, il passa la nuit au loin, c'était la première fois qu'il passait la nuit ailleurs (que chez lui). Alors il demanda : «Comment fait-on lorsqu'on dort pour la première fois au loin?» On lui répondit ainsi : «On enroule une lanière autour de ses jambes et on l'attache». De fait, comme il était attaché, il fut transpercé à coups de couteau à l'intérieur de l'iglou; mais comme il était très fort, il en tua plus d'un encore, à l'aide de ses seuls bras, ses jambes étant attachées. Comme il était mort, ils l'abandonnèrent et rentrèrent chez eux.

    Lorsqu'ils arrivèrent chez eux, sa sœur demanda ainsi : «Avez-vous tué mon frère?» «Non!, lui répondit-on, il ne rentrera pas aujourd'hui car il est lourdement chargé avec les phoques qu'il a pris». Mais ils mentaient. Pendant qu'elle dormait, ils l'abandonnèrent et devenue seule, elle mourut tout simplement car elle était une femme.

NOTE : L'expression sikuliasuituq signifie «celui qui ne va pas sur la glace».

Plate 11

A. The dwarf smothering the man

(IV-B-1344, h. 29 cm;
Photo Richard Garner)

Planche 11

A. L'homme étouffé par le nain

(IV-B-1344, h. 29 cm;
Photo Richard Garner)

8 ᐃᓄᒡᔪᒃᓂᒃ ᐃᐱᖅᓯᓚᐅᖅᑐᕕᓂᒃ ᐊᔪᓂᒥᒃ

the dwarf who smothered a man

*Carvings and story by Saali Arngnaituq E9-1460
(IV-B-1344; AR 3-15 reading of syllabic text)*

It goes like this. A man is hunting, travelling by dog-team when he sights a small man to the front of him. The man sees a dwarf. He goes over, going to meet him. When he is near, he stops while the dwarf is coming but has not yet arrived. The little man is still inching forward. Because of their traces, the dogs stop. Before he gets to the man's dogs, he leaps over them onto the man on the sled. He won't slacken off from about his head; covering the mouth and nose with his hands, he seals up the breathing organs. The man has his wind cut off. Almost dying, he falls backwards. Dying, he weakens and just keels over. His dogs suddenly start after the little man, taking him for a fox because he has foxskin clothing. The dogs begin biting him. They do not stop so he lets go of the man while being attacked. Because he is released, the man lives once more. For lack of strength from the attack, and also for lack of anyone else to call off the dogs, he just watches them. The dwarf is killed because he can't be freed from the dogs, there being no one to call them off.

le nain qui étouffa un homme

*Sculptures et histoire de Saali Arngnaituq E9-1460
(IV-B-1344; AR 3-15, enregistrée d'une narration syllabique)*

C'est ainsi qu'il faut la comprendre (la sculpture). Un homme chassait, se déplaçant en traîneau; il aperçut devant lui un tout petit être humain, l'Inuk aperçut un nain. Il alla à sa rencontre pendant qu'il [le nain] approchait mais n'était pas encore arrivé; quand il [l'Inuk] fut tout près, il s'arrêta. Le petit être humain avança un peu encore; comme ses chiens [ceux de l'Inuk] étaient attelés, ils s'arrêtèrent. Il [le nain] n'était pas encore arrivé jusqu'aux chiens lorsqu'il bondit sur l'homme qui était sur le traîneau avec une grande vigueur, [sautant] par-dessus ses chiens, jusqu'à sa tête. Il lui boucha alors les voies respiratoires, en les obstruant avec ses mains, avec ses mains il lui obstrua la bouche et le nez. L'Inuk, réduit à merci et presque mort, tomba à la renverse.

Comme il était sur le point de mourir, il n'avait plus de force et s'écroula tout simplement. Alors, ses chiens s'élancèrent sur le nain car il ressemblait à un renard, habillé qu'il était de peaux de renard. Les chiens se mirent à le mordre et voilà qu'ils s'acharnèrent sur lui et vainquirent sa résistance; comme il était ainsi réduit, il laissa échapper l'Inuk.

B. The dogs attacking the dwarf

(*Photo* Asen Balikci)

B. Le nain attaqué par les chiens

(*Photo* Asen Balikci)

Then the man resumes travel once more. Using the little tracks of the dwarf, he reaches his snowhouse, his home. But he cannot go in its little door because it is too narrow. Through the ventilation hole he says, "Your man is killed because my dogs are bad." So he says, and simply heads home. He returns again when it is dawn. They [the dwarf's family] have started walking down in the direction of the water, so he starts tracking them. Reaching the floe-edge, he begins to walk over thin, dangerous ice. As they cannot be tracked in the dangerous ice since he can't walk there, he just stops bothering; he gives up because nothing can be done about it. That's all the words there are to this about the dwarf.

L'Inuk, ainsi libéré reprit vie, mais comme l'Inuk n'avait plus de force, il ne put que regarder tout bonnement, car il était épuisé, il n'avait même plus la force d'appeler ses chiens alors que l'autre se faisait tuer, il les regardait tout bonnement. Le nain fut tout simplement tué car il ne pouvait être délivré [l'autre] étant incapable d'appeler [ses chiens].

Alors il [l'Inuk] se mit de nouveau en route, en suivant ses petites traces [du nain] et il arriva à leur maison [des nains], à leur demeure; mais il ne put entrer par leur petite porte, car leur petite entrée avait une toute petite ouverture. Il parla donc dans la cheminée d'aération : «Votre homme a été tué parce que mes chiens sont méchants!» C'est ainsi qu'il parla. Il prit alors le chemin du retour. Le lendemain, il revint [au même endroit] et entra [dans leur iglou]; mais ils étaient partis en marchant en direction de la mer; comme ils étaient partis en marchant, il se mit à suivre leurs traces, mais comme il arrivait à la limite de la glace ferme, il se mit à marcher sur la glace fine, sur la glace dangereuse. Mais on ne pouvait pas les suivre [plus loin] à la trace, parce que c'était dangereux et qu'ils marchaient dans les endroits dangereux.

Ne pouvant plus continuer à marcher, il abandonna tout simplement; il renonça, n'y pouvant rien. Voilà, c'est l'histoire de ce nain.

Plate 12
The dwarf favouring the hunter
(h. 21 cm; *Photo* Richard Garner)

Planche 12
Le nain obligeant le chasseur
(h. 21 cm; *Photo* Richard Garner)

9 ᐃᓄᑐᖅᑲᖅ ᐊᐃᑐᐃᓚᐅᖅᑐᐊᓂ ᑐᒃᑐᕕᓂᕐᒥᒃ

the dwarf who gave caribou

*Carving and story by Saali Arngnaituq E9-1460
(IV-B-1339; syllabic text)*

These stories were heard by me a long time ago. It was like this: This man, an ordinary human being, was caribou hunting on foot inland in the summer, without knowing whether there were any others about. As he was looking for caribou, he saw something move. When he saw it, instead of going straight towards it, he cut in front of it, keeping out of sight. When he was very close, he went to find out what it was, and there before him was a small man.

Now he went straight to him to meet him. The dwarf, seeing him, stopped for a moment, but when the man was going over without any hesitation, he just kept coming. The dwarf, who was carrying a lot on his back, was very small. Though he was suspicious of the man, he met with him. This small but fully adult dwarf carried a big fat caribou buck slung on his back. He carried it simply rolled up in its skin. He spoke as follows:

"Over there - I left what you are looking hard for over there."
The man answered, "Yes? Where?"
"Those things are over there. Follow my tracks and you'll see them."

And so he followed them. These were the pieces of caribou fat the dwarf had left behind: the head with the tongue and the legs with the marrow. He had left them for good. The man had a kill made for him by the dwarf. They never met again while alive. That's the end of the story. This [referring to the carving] is the dwarf pointing and saying, "They are over there."

le nain qui fit don de viande de caribou

*Sculpture et histoire de Saali Arngnaituq E9-1460
(IV-B-1339; texte syllabique)*

J'ai entendu ces histoires il y a fort longtemps; ainsi, dit-on, c'était un Inuk qui chassait le caribou, l'été en marchant vers l'intérieur du pays, sans savoir s'il y avait d'autres êtres humains que lui. Comme il était à la recherche de caribou, il aperçut quelque chose qui bougeait. Parce qu'il venait de voir [cette chose], au lieu de se diriger tout droit vers elle, il alla se placer sur son chemin sans se faire voir. Comme il en était maintenant tout proche, il s'efforça de voir ce que c'était.

C'était, dit-on, un petit être humain. Alors il se dirigea tout bonnement vers lui et alla à sa rencontre. Le nain, dit-on, en le voyant, s'arrêta un instant; mais, comme celui-ci avançait sans hésiter, il approcha tout simplement. Le nain qui, dit-on, portait sur le dos un gros fardeau, était très petit. Bien qu'il [le nain] eût quelque méfiance à son égard, il vint à sa rencontre.

Ce nain, dit-on, qui était minuscule bien qu'adulte, portait sur le dos un grand caribou mâle; il [le] portait après l'avoir tout simplement roulé dans sa peau. On dit qu'il prit la parole ainsi : «Voilà là-bas ce que tu cherches à te procurer et que j'ai abandonné!» dit-il. L'homme répondit : «Ai! où?» «Là-bas de l'autre côté, suis donc mes traces que voici, tu le verras».

Effectivement il se mit à les suivre. Il [le nain] avait abandonné, dit-on, les morceaux suivants : sa graisse [du caribou], sa tête avec la langue attenante et ses pattes avec leur moelle; il les avait abandonnés, n'en voulant plus.

L'homme reçut ainsi de la nourriture grâce au nain. Ils ne se rencontrèrent plus jamais tous deux au cours de leur vie. Voilà l'histoire! Celui-ci, le nain [de la sculpture], tend le doigt en disant : «C'est là-bas!»

Plate 13
A. The dwarf pulling at the stuck seal
(l. 24 cm; *Photo* Richard Garner)

Planche 13
A. Le nain tirant sur le phoque pris dans la glace
(l. 24 cm; *Photo* Richard Garner)

10 ᐃᓄᑐᖃᕐᓗ ᐸᓂᖕᒥᓗ

the dwarf and the mother and daughter

*Carving and story by Saali Arngnaituq E9-1460
(IV-B-1345; AR 2-14)*

There is a story about a dwarf and a woman and her daughter. The dwarf was all alone, so he thought, leading a simple life. He used to go sealing with some success. He got a big bearded seal and dragged half of it home to his snowhouse. Taking himself to be the only one around, he did not know how things really were. The old woman thought she was alone in her half of the house because her daughter often went sealing too. They never knew that they had a neighbour nearby, yet they had their house so close to the dwarf's. Since the daughter went sealing, they had seals too, and thus had water to drink [by melting snow, using the seal oil for fuel], having a lamp and a pot. The pot was of rock, being made of soapstone. While her daughter was off hunting seals, the woman heard little noises, but she thought they were nothing. Being as warm as it was because they had means for heating, the half of the house where the lamp lay iced up through melting and refreezing. Because of this condition they were stuck together with the house across.

le nain, la mère et la fille

*Sculpture et histoire de Saali Arngnaituq E9-1460
(IV-B-1345; AR 2-14)*

On raconte l'histoire d'un nain et de deux femmes, une mère et sa fille. Ce nain, qui vivait vraiment tout seul, menait une vie sans histoire et solitaire, se croyant vraiment seul. Il chassait le phoque et en tuait. Il tua un gros phoque barbu et en rapporta la moitié à son iglou en la traînant. Il ne se doutait de rien et pensait être tout à fait seul; [mais] de l'autre côté de son iglou il y avait une vieille femme qui elle aussi vivait solitaire et dont la fille allait également à la chasse au phoque, sans qu'elles sussent, elles non plus, qu'elles avaient un voisin, qu'elles avaient un compagnon de camp. Pourtant elles avaient leur maison de neige exactement au même endroit.

Sa fille [de la vieille] allait à la chasse au phoque et attrapait aussi des phoques; comme elle en attrapait, elles pouvaient ainsi obtenir de l'eau [de fonte, grâce à la lampe à huile bien alimentée en graisse], ayant une lampe à huile et une marmite de pierre; cette marmite était en pierre, en véritable pierre [stéatite], en pierre avec laquelle on faisait les lampes à huile.

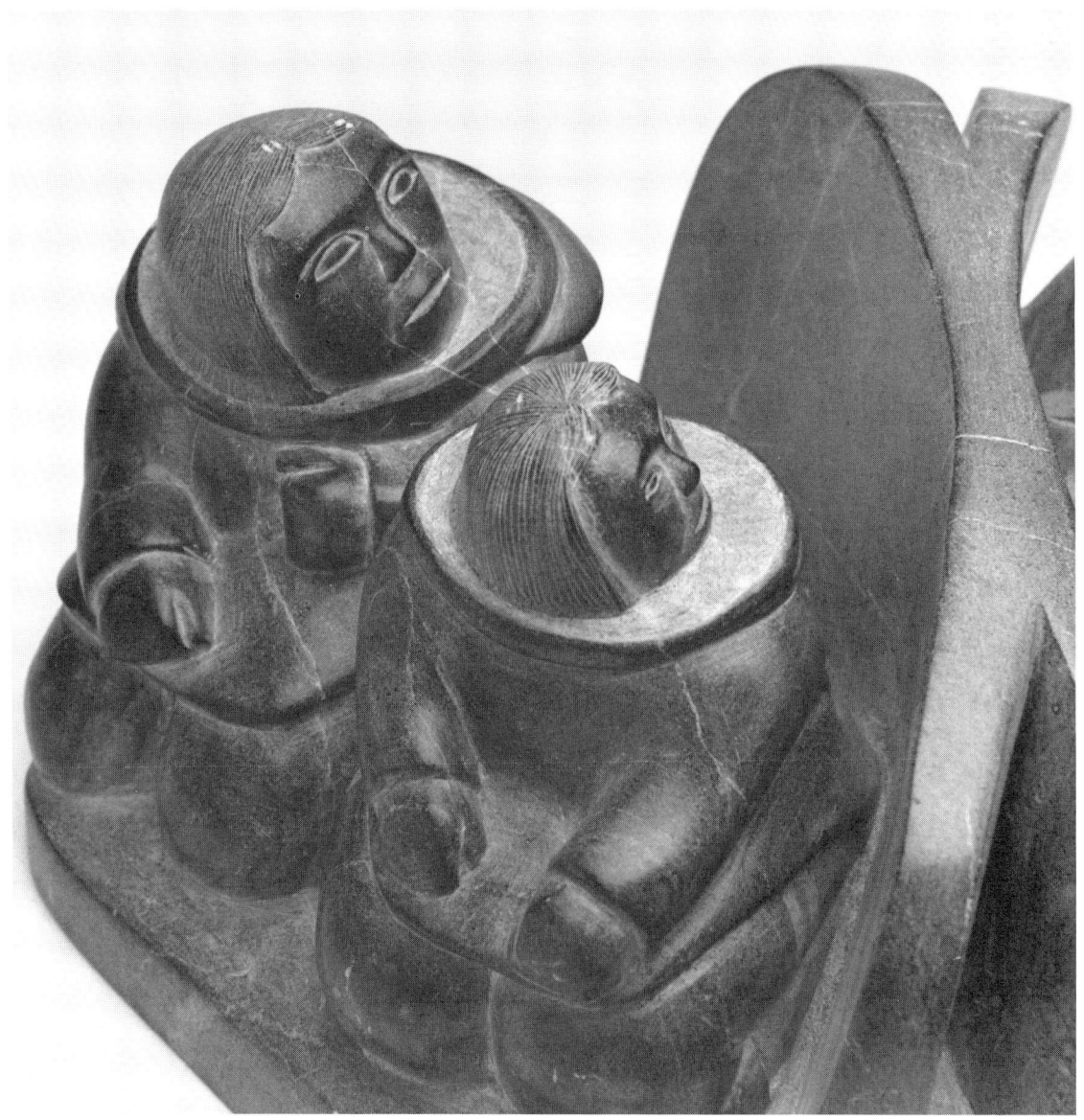

B. Another view of A.
(*Photo* Richard Garner)

B. Autre vue de A.
(*Photo* Richard Garner)

The half of a bearded seal that the dwarf had dragged in was stuck [in the ice from the melting and refreezing of the house], and so he was exerting himself. He could not pull it free, although he was trying to, because it was stuck fast. His neighbours on the other side were listening very hard as there was somebody in the other half making noises. As they listened, they became scared; they didn't know what could be making such noises. Unbeknownst to them, the dwarf was trying to pull out the half of the bearded seal stuck fast in the ice on the other side of their house. The old woman was very frightened - no wonder, when half of the house was making noises. What the state of affairs was was a mystery to them. But it was even more so when the dwarf tried to pull out the bearded seal that was stuck in the ice. This is all of the story.

NOTE: This story is one of the best known about the dwarfs, says Rasmussen, who gives more comprehensible versions from the Iglulik and Netsilik Eskimos (1929: 213; 1931: 256). The dwarf, together with a wife, are visitors who occupy one of the rooms of a double snowhouse; the old woman lives in the other room. When the dwarfs are about to leave, the woman, wanting some of their meat, spits on it to freeze it fast. But after they leave, the meat reverts to its actual dwarf-size state, caribou hindquarters becoming bird hindquarters, for the dwarfs' game appears as its equivalent in human terms only as long as they are being dealt with by them. A Baffin Land version given by Boas does not mention this transformation of the meat. Also the old woman has a grandson who freezes it fast with spit (Boas 1907: 202-3).

Alors, pendant que sa fille était à la chasse au phoque, elle entendit un bruit mais n'y fit pas attention. Il faisait chaud [à l'intérieur de l'iglou], car elle avait de quoi chauffer, sa fille attrapant des phoques, et la moitié de l'iglou qui était en face de la flamme se glaça par suite de la fonte et du regel et leur paroi commune se changea en glace. À cause de cela l'autre demeure fut collée car elles subissaient toutes deux la chaleur, du fait qu'elles étaient accolées.

Comme la moitié [d'Ujjuk] que le nain avait rapportée en la traînant, était collée [par le gel], il [le nain] se mit à faire des efforts [pour la décoller]; mais il n'arrivait pas à la décoller bien qu'il s'efforçât de la décoller et fit beaucoup de bruit. Les deux qui habitaient de l'autre côté écoutèrent avec attention et se rendirent compte qu'il y avait quelqu'un de l'autre côté; elles écoutèrent avec attention et eurent peur, ignorant ce qui pouvait ainsi faire [du bruit], elles ne savaient pas du tout que c'était le nain qui s'efforçait de décoller la moitié d'Ujjuk collée au sol par le gel, de l'autre côté de leur iglou.

La plus vieille des deux eut très peur, ce n'est pas étonnant, car il y avait du bruit de l'autre côté de l'iglou. Elles ne savaient vraiment pas ce qui pouvait être la cause de tout cela; ce qu'elles ne savaient pas était seulement qu'il [le nain] s'efforçait de décoller de la viande d'Ujjuk collée au sol par le gel. Voilà l'histoire.

NOTE : Cette histoire de nains est l'une des mieux connues, rapporte Rasmussen, narrateur dont les versions des Esquimaux iglulik et netsilik sont les plus intelligibles (1929 : 213; 1931 : 256). Le nain et sa femme sont des visiteurs qui occupent une des deux pièces d'un iglou, alors que l'autre est habitée par la vieille femme. Lorsque les nains sont sur le point de partir, la femme qui convoite une partie de leur viande crache dessus pour la faire prendre ferme dans la glace. Cependant, après leur départ, la viande reprend ses véritables proportions naines, et c'est ainsi que les cuissots de caribou deviennent des cuisses d'oiseau, car le gibier des nains n'a les proportions normales que les humains connaissent que lorsque ce sont les nains qui l'ont en leur possession. Une version de l'île de Baffin donnée par Boas ne fait pas mention de cette transformation de la viande. De plus, la vieille femme fait cracher son petit-fils sur la viande pour la faire geler (Boas 1907 : 202-203).

Plate 14

A. The old woman turned into a man getting a seal while her grandchild keeps house

(l. 26 cm; *Photo* Richard Garner)

Planche 14

A. La femme métamorphosée en homme chassant le phoque pendant que sa petite-fille garde la maison

(l. 26 cm; *Photo* Richard Garner)

11 ᓂᔅᓯᐅᖅᐱᒃ
ᐊᔅᔨᓐᑎᙯᐅᒃ ᑐᕕᓂᒃ

the little old woman who used to become a man

Carving and story by Saali Arngnaituq E9-1460 (IV-B-1340; syllabic text)

This is the story. After those of the dwarf, they [the figures of tradition] were in this state: A very old woman used to get seals by turning into a man and going sealing. When she turned into a man, she took her grandchild for a wife. With a wife she had somebody to keep house while she was away. She became a mighty man when she was sealing at the breathing-holes; she used to seal all by herself.

So then, when she was a man she used to get game. An old woman who had been left behind, she had lots of dogs. Once when out hunting after having turned into a man and having married her adopted child, she was bracing on a line against a bearded seal, a small one. Because she was weak, being an old woman originally, in a little while she was pulling lying down. When she went home, she became very small from being weak.

la petite vieille qui s'était transformée en homme

Sculpture et histoire de Saali Arngnaituq E9-1460 (IV-B-1340; texte syllabique)

Voici une histoire qui s'est passée après celle du nain; ces deux [femmes] vivaient ainsi : la vieille femme s'étant transformée en homme, se mit à chasser le phoque et attrapa des phoques. Comme elle était devenue un homme, elle prit pour épouse sa petite-fille et ayant une épouse, elle avait [ainsi] quelqu'un pour garder la maison. Elle devint un véritable homme et se mit à chasser le phoque au trou d'air. Elle chassait toute seule le phoque, au trou d'air et effectivement, une fois devenue un homme, elle attrapa du gibier.

Elle qui avait été une vieille femme abandonnée, voilà qu'elle eut de nombreux chiens. Celle-ci, qui avait donc pris pour épouse son adoptée [sa petite-fille], après s'être changée en homme, partit à la chasse; elle se mit à tirer [sur la ligne du harpon après avoir atteint] un phoque barbu, un petit phoque barbu. Mais comme elle n'y parvenait pas en raison

B. Another view of A.
(*Photo* Richard Garner)

B. Autre vue de A.
(*Photo* Richard Garner)

When people came and asked her wife, formerly her adopted child, "Whose sleds are these?" she would say, "My grandmother's." They would say, "Whose dogs are these?" and she would say "My grandmother's," but unbeknownst to them, that was her husband. When she had turned into a man, she was her husband.

This one [referring to a figure in the carving], the adopted grandchild and wife, is melting snow for water. Melting the snow, she is trying to keep warm; the adopted grandchild is keeping house. The other one upon getting home got very small and turned into a woman again, saying, "Uqilli, uqilli." It was with a quickly fading voice that she said this. She became small and turned back into an old woman. That's the way the story goes. While a man, she was well off. Whatever became of her when she became an old woman again, I don't know. That's it.

NOTE: This seemingly strange account is widely known too. More detailed versions are recorded from the Baffin Land (Davis Strait) and Netsilik Eskimos (Boas 1907: 248-9, 323-5; Rasmussen 1931: 303-4): An old woman and her granddaughter or adoptive daughter are abandoned. To survive, the woman transforms herself into a man. Also, to go sealing she turns her genitals into a sled and the lumps of snow she wiped herself with, or her toes into dogs. The dogs and sled are of course needed for the seal hunt, both to get to the breathing-holes and to smell them out. The first seals are caught through the floor of the house or of its entranceway. Other animals too, notably foxes and caribou, are enticed into the house by magic words (*See also* Rasmussen 1929: 160-1; 1930a: 112; Holtved 1951: II: 89-90, 128-9).

de ce qu'elle avait été auparavant une vieille femme, elle se mit à tirer, étendue sur la glace; comme elle n'y arrivait [toujours] pas, elle rentra chez elle et rapetissa.

C'est alors que des gens survinrent et demandèrent à sa femme, à celle qui avait été auparavant son adoptée : «À qui est ce traîneau?», celle-ci répondit ainsi : «À ma grand-mère», ils demandèrent [alors] ainsi : «À qui sont ces chiens?» elle répondit ainsi : «À ma grand-mère», bien qu'elle l'eût pour mari, car elle [la grand-mère] était devenue un homme et le mari de celle-ci.

Mais celle-ci, son adoptée, sa femme, faisant fondre de la neige [en la mettant à chauffer] tout en s'efforçant de réchauffer [l'iglou]; elle gardait la maison, son adoptée, sa petite-fille. Celle-là [la vieille] rentra chez elle, dit-on, rapetissa, et se transforma de nouveau en femme tout en disant, dit-on : «Uqilli, uqilli». Elle dit cela avec une voix qui devint de plus en plus faible, [et], se transformant en vieille femme elle redevint petite et retourna à son état de vieille femme.

Voilà le sens de cette histoire; lorsqu'elle était un homme elle fut prospère, mais une fois redevenue vieille femme que devint-elle? Je ne le sais pas. C'est ainsi.

NOTE : Ce conte un peu étrange est aussi bien connu. On en a enregistré d'autres versions plus détaillées dans l'île de Baffin (détroit de Davis) et chez les Esquimaux netsilik (Boas 1907 : 248-249, 323-325. Rasmussen 1931 : 303-304). Une vieille femme et sa petite-fille ou sa fille adoptive ont été abandonnées. Pour assurer leur survivance, la femme se transforme en homme. De plus, afin de pouvoir aller chasser le phoque, elle métamorphose ses organes génitaux en traîneau et les blocs de neige avec lesquels elle s'est frotté le corps ou les orteils, en chiens. Elle capture les premiers phoques par une ouverture pratiquée dans le plancher de la hutte ou par l'entrée, et attire d'autres animaux dans la maison, notamment des renards et des caribous, par des paroles magiques (voir aussi Rasmussen 1929 : 160-161, 1930a : 112, Holtved 1951 : II, 89-90, 128-129).

Plate 15

A. Qisaruatsiaq taking fish

(*Photo* Asen Balikci)

B. Foot becoming wolflike

(NA-937, h. 23.5 cm)

C. Turning into a wolf

(*Photo* Asen Balikci)

Planche 15

A. Qisaruatsiaq prenant du poisson

(*Photo* Asen Balikci)

B. Un pied nu et métamorphosé en loup

(NA-937, h. 23.5 cm)

C. Métamorphose d'une femme en loup

(*Photo* Asen Balikci)

12 ᐊᒪᕿᖅᑐᖅ

the one who turned into a wolf

*Carvings and story by Saali Arngnaituq E9-1460
(IV-B-1299, NA-943; AR 2-12)*

Then again, there is the story about Qisaruatsiaq. The one who became a wolf is called by this name. It also is a story of a time long ago when there were no white men here in this country. This one used to try to make a living only by fish. She was almost abandoned to herself alone although she had two sons. She had two sons who tried to support her, but she did not appreciate being looked after. She would always build a snowhouse for herself alone. They tried to have her in one house together with other people, but although an old woman she always built a house for herself, deliberately trying to get herself abandoned and forsaken by the rest. Being very bad and stealing habitually, she would take people's fish when they were asleep. She used to go fishing and make a living by that, but if she did not catch any fish, she used to steal. Being like that, she was abandoned to herself, although her sons tried to keep her. She couldn't be made to stay in a house together with others because she was causing herself to be forsaken.

celle qui se transforma en loup

*Sculptures et histoire de Saali Arngnaituq E9-1460
(IV-B-1299, NA-943; AR 2-12)*

Voici encore une histoire, celle de Qisaruatsiaq. C'est le nom que portait celle qui se métamorphosa en loup. C'est encore une histoire des anciens temps qui s'est passée avant l'arrivée des Blancs dans cette contrée.

Celle-ci essayait de subsister avec seulement du poisson, elle vivait presque totalement isolée bien qu'elle eût deux fils. Elle avait deux fils qui essayaient de la faire vivre, mais elle n'appréciait pas qu'on s'occupât d'elle; elle construisait toujours un iglou pour elle seule; et bien qu'elle fût sollicitée d'habiter avec d'autres, toute vieille femme qu'elle était, elle construisait un iglou pour elle seule, se trouvant isolée de son propre gré.

Elle était très mauvaise et avait l'habitude de voler; elle volait les poissons des autres pendant leur sommeil. Elle allait à la pêche et comme elle allait à la pêche elle arrivait à survivre; lorsqu'elle n'attrapait pas de poisson, elle en volait. Étant ainsi elle vivait solitaire bien que ses fils essayassent de s'occuper d'elle.

Plate 16
A. Eating her remaining boot
(IV-B-1299, h. 17 cm; *Photo* Richard Garner)
B. Killing caribou
(NA-943, l. 28 cm; *Photo* Richard Garner)

Planche 16
A. Une dernière botte à manger
(IV-B-1299, h. 17 cm; *Photo* Richard Garner)
B. Un loup tuant un caribou
(NA-943, l. 28 cm; *Photo* Richard Garner)

One day, while off on her daily fishing, she stopped coming back. Because she did not return anymore, she was searched for at dawn. And so her fishing spot was reached, but there was nobody there. Directly away into the vast interior her tracks led. The one who was searching began tracking her down. He tracked her for a long time, even when it was getting dark. Still tracking while it was getting dark, he went up inland more and more. When it was just turning very dark, he was positive by the tracks that her feet were bare. They got smaller and smaller the longer he tracked her. As he really went on to find out, one of her feet became wolf while the other was human. As she was like that, the one who had tried to track her down turned back.

Hunting caribou, she used to have them for food. Afterwards, when people went after caribou, they were positive about her [being turned into a wolf]. When they used to go up inland hunting caribou they were certain about her. She had taken off her other boot as well. In this way, having gotten herself abandoned, she had become a wolf. This too is a story; that is how its words go.

Elle était incapable de vivre dans un iglou avec d'autres personnes, parce qu'elle était solitaire.

Comme elle allait à la pêche chaque jour, il advint qu'un jour elle ne revint plus. Comme elle n'était plus revenue, on partit le lendemain à sa recherche; mais comme on arrivait à l'endroit où elle pêchait [habituellement] il n'y avait personne. Elle était partie en marchant loin vers l'intérieur des terres. Celui qui était à sa recherche suivit ses traces. Il suivit longtemps ses traces. La nuit survint et il suivait encore les traces, une autre nuit survint, et encore, encore elle continuait vers l'intérieur des terres.

Alors que la nuit tombait il se rendit compte, par ses traces [de la vieille] que ses pieds étaient déchaussés : plus il suivait les traces et plus elles devenaient petites; comme il cherchait à [en] savoir [la cause], les traces de l'un de ses pieds se changèrent en [celles d'un] loup, celles de l'autre étant toujours des traces humaines. Comme il en était ainsi, celui-ci, qui s'efforçait de suivre les traces, s'en revint tout simplement.

Par la suite, ceux qui allèrent à la chasse au caribou se rendirent compte qu'elle se nourrissait de viande de caribou et qu'elle chassait le caribou. Elle se fit encore voir ensuite, elle se fit voir plusieurs fois, alors que ceux qui allaient à la chasse au caribou s'enfonçaient là-haut dans l'arrière-pays. Elle avait également enlevé sa seconde botte et ainsi, s'étant elle-même coupée des autres gens, elle devint un loup.

C'est aussi une histoire, c'est ainsi qu'on la raconte.

Plate 17
A. Kautyayuq killing
(h. 25.5 cm; *Photo* Toby Rainey)

Planche 17
A. Kautyayuq l'assassin
(h. 25.5 cm; *Photo* Toby Rainey)

13 ᑲᐅᑦᔭᕐᔪᖅ

kautyayuq

Carving by Liivai Qumaaluk E9-843; story by Taivitialuk Alaasuaq E9-824 (IV-B-1310; AR 8-43 read from syllabic script)

I am going to tell the story about a sister and a brother. The two, brother and sister, were going out to get a seal killed that day on the sea ice. As they were on their way home, they had the ice break up on them. They barely made it to land. Then they were only becoming lost more and more. Because there were some people around, they were found, the sister and the little boy who was still just a small boy. The girl, who was older, and the small boy were adopted for the whole summer and half the winter. It was a long winter. The boy was named Kautyayuq because he was a neglected orphan. The little woman, his sister, did nothing except braid drawstrings for trousers and thread for kayaks. Then the bones of her fingers showed through just from braiding all day long. She used to eat meat, but Kautyayuq used to chew on walrus hide in the vestibule. He used to be told to get in and be made to chew on walrus hide. He was pulled in by the nose over the threshold of the door by two big women. When he finished chewing hide, he would go to the vestibule. When it was night, he used to sleep with the dogs because he was abandoned and neglected.

While Kautyayuq was in the vestibule, there was the sound of three big bears. While he was still in the vestibule a man went out.

"Kautyayuq, come out."   "I won't go out."
"Kautyayuq, come out."   "I will not go out."
"Kautyayuq, come out."   "I won't go out."
"Kautyayuq, get out."   "I won't go out.
                          I won't peep out."

kautyayuq

Sculpture de Liivai Qumaaluk E9-843; histoire de Taivitialuk Alaasuaq E9-824 (IV-B-1310; AR 8-43, enregistrée d'une narration syllabique)

Voici l'histoire que je vais raconter au sujet d'un frère et d'une sœur. Ceux-ci, dit-on, le frère et la sœur, allèrent chercher un phoque qui avait été tué ce jour-là et qui était [resté] sur la banquise. Alors, dit-on, comme ils s'efforçaient de rentrer chez eux, la glace se détacha tout près d'eux et c'est de justesse qu'ils gagnèrent le sol ferme.

Alors comme ils s'égaraient de plus en plus, quelqu'un qui se trouvait là les aperçut tous deux, la sœur et le petit garçon, ce n'était encore qu'un petit garçon. La fille, qui était l'aînée, et le petit garçon furent gardés en adoption tout l'été et durant la moitié de l'hiver; ils furent gardés en adoption.

C'était un long hiver. Il [le petit garçon] s'appelait Kautyayuq car il était orphelin. La petite femme, sa sœur, n'arrêtait pas de tresser des tendons pour en faire des ceintures de pantalon et du fil à coudre pour kayak, au point que les os des mains de sa sœur étaient à nu, car elle n'arrêtait pas de tresser tout au long de la journée.

Bien qu'elle mangeât de la viande, Kautyayuq, lui, n'avait à croquer que de la peau de morse, dans le porche. On lui disait d'entrer pour venir marteler du gras [pour en extraire l'huile] et deux grandes femmes lui faisaient passer le seuil [de l'iglou] en le soulevant par les narines dans l'entrée. Quand il avait fini de marteler le gras, il retournait dans le porche; et lorsqu'il faisait nuit, il dormait au milieu des chiens, parce qu'il était orphelin. Alors que Kautyayuq était dans le porche, on entendit le crissement des pas provenant de trois ours blancs. Un homme se mit à sortir, alors que Kautyayuq était toujours dans le porche : [il dit] :

«Kautyayuq sors!»   «Je ne sortirai pas».
«Kautyayuq sors!»   «Je ne sortirai pas».
«Kautyayuq sors!»   «Je ne sortirai pas».
«Kautyayuq veuille sortir!» «Je ne sortirai pas,
                             je n'irai pas dehors».

B. Another view of A.
(*Photo* Richard Garner)

B. Autre vue de A.
(*Photo* Richard Garner)

He was being chased out by the people in the house who wanted him to go out [and be eaten]. He went out. Then when he was out, he started growing much bigger and bigger. A woman said,

"I gave you an old pair of slippers so you're not going to grow big. I gave him an old pair of slippers so he's not going to grow big."

He just snapped the bears about by their hindquarters like a whip. Just grasping them by the legs, he killed them off. He killed even the people when he grew big. Only two he left untouched - the women who used to pull him in by the nose. He spared them because he wanted to have them as his abandoned and abused ones. Then Kautyayuq said,

"If I am killed, I want to be put in a crack in the solid bedrock."

It is said that his head is still inside solid rock.

NOTE: It is the Moon Spirit that makes Kautyayuk big and strong in variants recorded from the Labrador coast (Hawkes 1916: 158-9), Ungava Bay (Turner 1894: 265-6), east Baffin (Boas 1888: 630-3; 1907: 186-8, 518) and west Hudson Bay (Boas 1907: 309-10; Rasmussen 1929: 88-90). In Rasmussen's variant the Moon beats the poor orphan free of the enfeebling impurities accumulated in him from women's transgressions of tabu. In the Labrador and Baffin versions, the Moon whips him. The walrus hide fed to Kautyayuq, though tasty, is very tough and is commonly dogfeed. In many variants a sympathetic woman slips him a small knife, but this storyteller commented that he didn't even have one. When Kautyayuq was hauled in for feeding, it was by fingers hooked in his nostrils. Povungnituk dogs are usually fed one at a time just inside the door, half in and half out. The carving depicts Kautyayuq after he suddenly grew, the split remnants of his small boy's clothing about his neck and legs. The whip is shown because the carver followed another version in which Kautyayuq whips people to death.

Mais il fut forcé de sortir par ceux qui étaient à l'intérieur de l'iglou, et comme on le forçait à sortir, il sortit.

Alors, quand il fut sorti, voilà qu'il se mit à grandir de plus en plus. La fille se mit à dire : «Je t'ai donné dans le temps de vieux chaussons, tu ne vas pas grandir subitement! Je lui ai donné il y a longtemps de vieux chaussons, il ne va pas grandir subitement!» Il fit claquer les ours comme un fouet en les empoignant par leurs pattes arrière; ils furent tués, comme il les avait saisis par leurs pattes arrière.

Étant devenu très grand, il tua les petits [Inuit] hommes, ne laissant en vie que les deux femmes, celles qui avaient l'habitude de le soulever [par les narines] au-dessus du seuil. Il voulut les garder en vie, voulant en faire deux délaissées. Alors Kautyayuq : «Dès que je serai mort, je veux être mis à l'intérieur d'une fissure de rocher», dit-il.

Alors on dit que sa tête est toujours à l'intérieur d'une fissure de rocher. Voilà, j'ai fini.

NOTE : C'est l'Esprit de la Lune qui rend Kautyayuq grand et fort, selon les versions rapportées de la côte atlantique du Labrador (Hawkes 1916 : 158-159), de la baie d'Ungava (Turner 1894 : 265-266), de la partie est de l'île de Baffin (Boas 1888 : 630-633; 1907 : 186-188, 518) et de l'ouest de la baie d'Hudson (Boas 1907 : 309-310; Rasmussen 1929 : 88-90). Dans la version iglulik de Rasmussen, la Lune bat le pauvre orphelin pour le délivrer des impuretés affaiblissantes qui se sont accumulées en lui, par suite de la violation des tabous par les femmes. Dans les versions du Labrador et de l'île de Baffin, la Lune le fouette. La peau de morse dont se nourrit Kautyayuq est agréable au goût mais elle est très coriace et sert généralement à nourrir les chiens. Dans plusieurs variantes, une femme compatissante lui glisse dans la main un petit couteau, mais le narrateur de l'histoire fait remarquer que le garçon n'en avait même pas. Lorsqu'il s'agit de nourrir Kautyayuq, on l'amène en le tirant par les doigts accrochés à ses narines. On lui donne à manger comme on le fait d'ordinaire pour les chiens de Povungnituk que l'on fait avancer un à la fois, jusqu'à mi-corps dans l'entrée. Le sculpteur représente Kautyayuq après qu'il a subitement grandi, affublé au cou et aux jambes des restes déchirés de ses vêtements d'enfant. Il le représente avec un fouet car il s'est inspiré d'une autre version locale, selon laquelle Kautyayuq fouettait les gens à mort.

Plate 18
A. Nulayuviniq
(h. 26.5 cm; *Photo* Richard Garner)

Planche 18
A. Nulayuviniq
(h. 26.5 cm; *Photo* Richard Garner)

14 ᓄᓕᐊᓂᒃ

the one who suddenly grew big

*Carving and story by Taivitialuk Alaasuaq E9-824
(IV-B-1351; AR 8-46 read from syllabic script)*

And now I am going to tell a story from times long ago, as follows: These ones who were on the move [migrating] departed in the morning by dog-team intending to return at the next dawn. They were going back [to a previous camp] for a small group of three, mother and children, during a time of dreadful starvation. They went back to get the ones they had left behind; they went over by dog-team, wishing to get them moved. When they arrived, they shouted through the chimney of the ventilation hole on top of the snowhouse,

"Hey, we've come."
There was not a sound.
"Hey, we've come. Is anybody in? Are you still alive?"
Still there was not a sound.
"Are you dead? Is anybody in? Or isn't there anybody anymore?"
"There's a big person; there is somebody. Only there aren't very many people."

So someone said at last inside the snowhouse. When the voice said, "There's a big person; there is somebody. Only there aren't very many people"; the ones who were returning by dog-team for the family left in a hurry. But just as they got under way, a big person, an enormous one, emerged into view. She had no clothes on except for her mother's baby-carrying parka at the neck. But the big parka

celle qui a grandi subitement

*Sculpture et histoire de Taivitialuk Alaasuaq E9-824
(IV-B-1351; AR 8-46, enregistrée d'une narration syllabique)*

C'est ainsi que je vais raconter une histoire qui s'est passée il y a très longtemps.

Des gens déménageaient, dit-on; ils se mirent en route en traîneau, le matin, projetant de revenir le lendemain. Ils revinrent pour chercher une mère et ses enfants qu'ils avaient dû laisser sur place, trois personnes, une mère et ses enfants, qui étaient dangereusement menacés par la famine. Ils revinrent en traîneau chercher ceux qu'ils avaient laissés sur place, ils vinrent [les] chercher pour les faire déménager.

Alors, dit-on, comme ils étaient arrivés, on dit qu'ils crièrent à travers la cheminée du trou d'aération situé au-dessus de l'iglou : «Hé! nous arrivons! Hé! nous arrivons! Y a-t-il quelqu'un? Êtes-vous vivants?» On dit qu'il n'y eût aucune réponse. «Êtes-vous morts? Y a-t-il quelqu'un? N'y a-t-il plus personne?»

Alors, dit-on, on entendit une voix provenant de l'intérieur de l'iglou : «Il y a quelqu'un qui est de grande taille. Il y a quelqu'un mais il n'y a pas grand monde». Alors, dit-on, comme la voix avait dit ainsi : «Il y a quelqu'un qui est de grande taille, il y a quelqu'un mais il n'y a pas beaucoup de monde». Comme elle avait dit ainsi, alors, en traîneau, ils se mirent à fuir à toute vitesse, ceux-là même qui étaient venus [les] chercher.

B. Another view of A.
(*Photo* Richard Garner)

B. Autre vue de A.
(*Photo* Richard Garner)

looked relatively small on her for she was huge, having suddenly grown. She was just a newborn infant before [and thus would have been in the back pouch of her mother's parka].

The former infant started chasing them. Her mother's parka barely fitted on around her neck. She had it just on her neck because it didn't fit her. When she almost caught up with the teams, they tried to hurry along very fast. Then when she had just about caught up to them, she was whipped hard. She cried,

"Ungaa!" [the cry of a newborn baby]

Since there were two men, one of them cut up scraps of old sealskin and dropped them because she was running hard after them. She consumed the scraps very quickly. Because she was so big, she did not even chew the old skin scraps but simply swallowed them right away. She had no teeth because she was formerly a small baby, the little female who had suddenly grown. When she was being whipped, she cried "Ungaa!", nothing else. She was running in the winter while it was very smoky with cold and terribly freezing, but she did not freeze. When she approached the sleds and was whipped, "Ungaa!" was the only cry she made. Then while she was gulping down the scraps of old sealskin, they tried to go very quickly to leave her behind. They did not have a gun, but only a knife. Whenever she approached the sleds, she was whipped, and that made her fall back a little crying "Ungaa!", the only sound she could make.

When the camp of the teams was near and in sight, she became exhausted just before they got home. Then there on the ice she became a dot [in the distance]. She turned into a solid rock island. This is the story about the one who suddenly grew, the little girl who was just newly born before. She was like that because she was animated by evil. That's all.

Mais, dit-on, alors qu'ils se mettaient en route, apparut une personne de grande taille, elle était énorme. Elle portait autour du cou un amauti [anorak], le manteau de sa mère; elle était quasiment nue, le grand amauti ne lui couvrait que le cou, car elle était devenue énorme, elle avait grandi subitement; c'était auparavant un bébé, un nouveau-né. Celle qui avait été un bébé se mit à courir après eux, elle portait comme cache-col le manteau de sa mère, elle le portait tout simplement autour du cou car elle n'avait pas réussi à l'enfiler.

Comme elle arrivait, dit-on, ceux qui étaient en traîneau s'efforcèrent d'aller plus vite et d'avancer à toute allure. Mais comme ils se faisaient rattraper, on dit qu'ils lui donnèrent de grands coups de fouet. - «Ungaa» - c'est ainsi qu'elle poussa des gémissements. Ils étaient deux hommes [sur le traîneau], l'un d'eux se mit à couper en morceaux une ancienne couverture de kayak qu'il jeta derrière lui, parce qu'elle courait très vite. Mais elle dévora rapidement toute l'ancienne couverture de kayak; comme elle était très grande, elle avalait les morceaux de l'ancienne couverture de kayak, sans même les mâcher, car elle n'avait pas de dents, étant un nouveau-né, une petite fille qui avait subitement grandi. Alors, comme elle recevait des coups de fouet, elle criait seulement - «Ungaa» - Elle courait très vite, c'était l'hiver et bien qu'il fît très froid et qu'il gelât dur, elle ne gelait pas.

Comme elle approchait du traîneau elle reçut de nouveau des coups de fouet, et comme seul cri elle fit : «Ungaa». Alors, pendant qu'elle avalait les morceaux de couverture de kayak, ils cherchèrent à la devancer en pressant l'allure, s'efforçant d'aller très vite, car ils n'avaient pas de fusil, mais seulement des couteaux. Quand elle approchait du traîneau, elle était fouettée et ainsi perdait du terrain, en criant : «Ungaa», le seul cri qu'elle pût émettre.

Alors, comme la demeure des hommes qui étaient sur le traîneau était en vue à courte distance, elle perdit toutes ses forces, avant d'arriver à leur demeure. Alors à cet endroit, formant une tache sur la glace elle se transforma en rocher, en île.

Voilà l'histoire de ce qui advint à cette Nulayuviniq, à la petite fille, à celle qui était auparavant un nouveau-né. Elle était ainsi car elle était sous l'influence d'un mauvais esprit. Ainsi, c'est la fin.

Plate 19
Katyutayuuq
(h. 26.5 cm)

Planche 19
Katyutayuuq
(h. 26.5 cm)

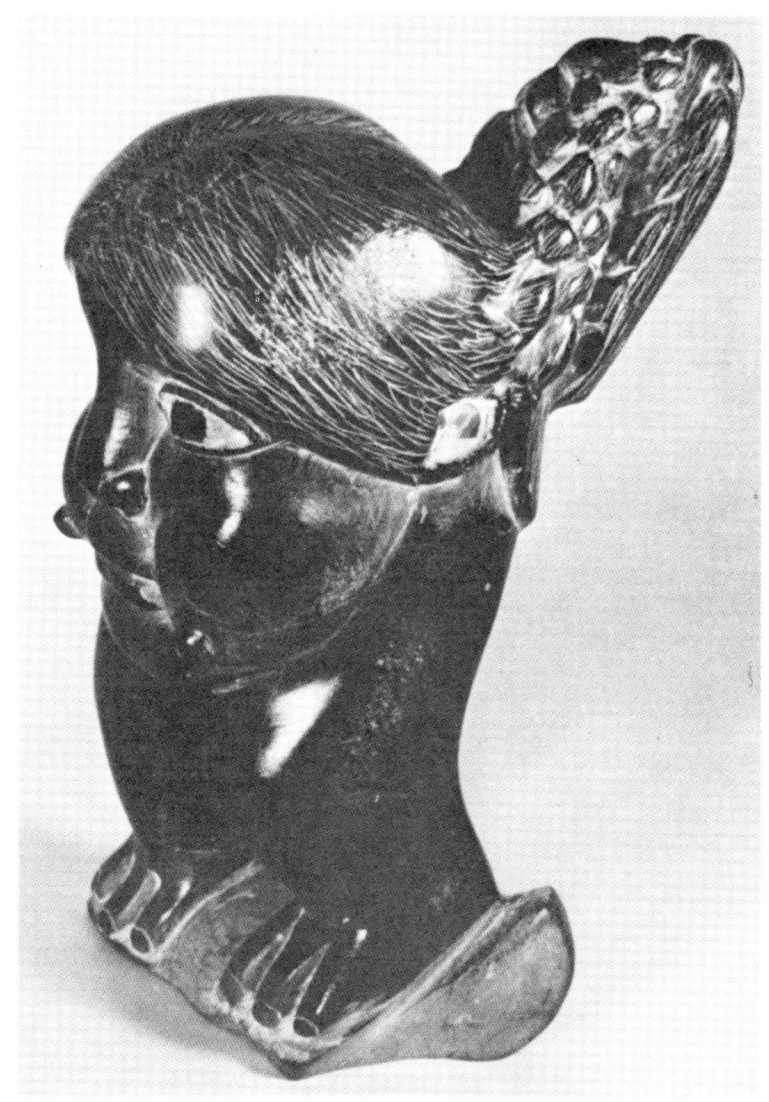

15 ᑲᑦᔪᑕᔪᖅ

katyutayuuq

Carving and story by Taivitialuk Alaasuaq E9-824 (AR 2-11)

The stories of the first people of long ago went like this: Some migrants were travelling this day leaving one lot of them behind. In the night, while it was dark, those who were left behind were entered upon by big Katyutayuuq. When it came in, the big Katyutayuuq said,

"He is mine, he is mine, he is mine, he is mine" [i.e., mine to eat].

Big Brown, Big Stomach, Short Throat, Big Daughter, Big Tail, and Big Ptarmigan - those are quite a few, but I do not know the names of three - those ones were come in upon. The big Katyutayuuq was scratched by the One-Who-Says-'Uriu' [the call of the ptarmigan]. The One-Who-Says-'Uriu' scratched a long time, almost all night long. Big Katyutayuuq's face was all mangled up. Because it was mangled, it went outside during the night. Then they sat up frightened all night long, not going out even when it became dawn. Only when it was fully day did they go out, for they were afraid of the big Katyutayuuq with its great big head and breasts on the cheeks, two big ones. So the story goes. That's all; I stop.

NOTE: One more of the inmates of the snowhouse was recalled later as Taqulialuk, 'Big Eye Spots.' Three other names occur in fragments of Katyutayuuq's song sung by Yuani Inuppaq and Paulusialuk Iqqiqquq. Qiingata, 'Has a Nose,' is in Inuppaq's 'Kayualuk pimmaya, Qiingata pimmaya, Aqqiaruaaluk pimmaya' (BA 43-13). That name and Aviliayuapik, 'Little Co-spouse'(?), and Taqqataluk, 'Big One-With-a-Shadow'(?), occur in Paulusialuk's song (BA 43-14). Katyutayuuq has a head bigger than a basketball, which it knocks about against the inside of the snowhouse. Usually it enters empty houses, passing right through the walls.

katyutayuuq

Sculpture et histoire de Taivitialuk Alaasuaq E9-824 (AR 2-11)

C'est ainsi que se passaient les histoires des ancêtres il y a très longtemps : des gens déménageaient, ils se mirent en route durant le jour, laissant sur place un groupe d'entre eux.

Ceux qui avaient été laissés sur place reçurent la visite de la grande Katyutayuuq durant la nuit, alors qu'il faisait noir. Comme Katyutayuuq était entrée, elle dit ainsi : «Il est à moi, il est à moi, il est à moi, il est à moi», c'est ainsi qu'elle dit. Ceux qui reçurent cette visite étaient nombreux, mais il y a trois noms dont je ne me souviens pas; il y avait Kayualuk, Aqiarualuk, Iggiaki, Panialuk, Papialuk et Aqiggialuk. Celle-là, la grande Katyutayuuq fut alors griffée par Uriuttalaaq. Uriuttalaaq [la] griffa pendant très longtemps, pendant presque toute la nuit. Comme le visage de la grande Katyutayuuq était devenu complètement méconnaissable, elle sortit dehors pendant la nuit.

Alors durant toute la nuit, ils restèrent assis, remplis de frayeur, ils ne voulurent même pas encore sortir à l'aube. Au grand jour seulement ils sortirent, craignant la grande Katyutayuuq dont la tête était énorme; elle portait deux grands seins, un à chaque joue. C'est ainsi que l'histoire s'est passée. C'est tout, j'ai fini.

NOTE : Un autre des habitants de l'iglou a été évoqué plus tard sous le nom de Taqulialuk (Gros front taché). Trois autres noms apparaissent dans des fragments de la chanson de Katyutayuuq interprétés par Yuani Inuppaq et Paulusialuk Iqqiqquq. On retrouve Qiingata (Celui avec le nez), dans le «Kayualuk pimmaya, Qiingata pimmaya, Aqqiaruaaluk, pimmaya» de Inuppaq (BA 43-13). Ce nom et celui de Aviliayuapik (Petit époux en commun) et de Taggataluk (Gros ombré), sont mentionnés dans la chanson de Paulusialuk (BA 43-14). Katyutayuuq a la tête plus grosse qu'un ballon de basket-ball et il se cogne partout contre les parois de l'iglou. Habituellement, il pénètre dans les maisons vacantes en passant droit à travers les murs.

Cette traduction a été révisée avec l'aide de Mlle M. Desjardins et de M. Larabie, ce dernier ayant assuré la traduction des noms.

Plate 20
Tunnituaqruk
(h. 10 cm)

Planche 20
Tunnituaqruk
(h. 10 cm)

16 ᑐᓐᓂᑐᐊᖅᕿᒃ

tunnituaqruk

Carving and story by Taivitialuk Alaasuaq E9-824 (AR 8-41)

The stories of the old people are like dreams; we do not know them too well. The old men used to tell the stories. We heard them this way: A family on the move was trying to reach some people, for they were hungry and knew there were people around. In the evening they got to an old abandoned snowhouse. When they stopped, two youngsters, a boy and a girl - the boy Qingalik and the girl Nayummi - raced inside the old snowhouse which had been abandoned that day. When they got inside it, they began poking around among the debris and picked up some old scraps of caribou meat, for they were hungry. As they poked around, a big human face appeared among the trash. One of them jumped through the old window hole; the other fainted and fell on the floor. She crawled through the vestibule frightened out of her wits.

tunnituaqruk

Sculpture et histoire de Taivitialuk Alaasuaq E9-824 (AR 8-41)

Les histoires des Inuit, des anciens Inuit, sont comme des rêves, mais nous ne les connaissons pas [bien] car c'étaient les vieux qui racontaient les histoires. C'est ainsi que nous l'avons entendu [raconter] : des gens déménageaient, ils avaient faim et ils cherchaient à rejoindre d'autres gens car ils savaient qu'il y avait un lieu habité; le soir, ils arrivèrent à un iglou. Comme [ses occupants] avaient déménagé le jour même, ceux qui arrivaient s'arrêtèrent; [et] deux jeunes gens, un garçon et une fille, Qingalik le garçon [et] Nayummi la fille, firent la course à qui entrerait le premier dans l'iglou qui avait été abandonné le jour même.

Comme ils étaient entrés tous les deux dans l'iglou, ils se mirent à fouiller dans les déchets et ramassèrent des restes de caribou car ils avaient faim. Alors qu'ils étaient en train de fouiller [dans les

Tatooed Face 1965

(Stonecut, Josie Paperk; 26.3 x 32.1 cm; Povungnituk print catalogue 1968, No. 360; taken from *The Inuit Print*, National Museum of Man, Ottawa, 1977, p. 154)

Visage tatoué 1965

(Gravure sur pierre, Josie Paperk; 26,3 x 32,1 cm; catalogue d'estampes de Povungnituk 1968, no 360; tiré de *L'estampe inuit*, Musée national de l'Homme, Ottawa, 1977, p. 154)

Then the family just travelled along all night because there was something scary in the old snowhouse. Through the night they trailed the people who had left the snowhouse that day. They reached them at dawn. The thing inside the abandoned snowhouse was called Tunnituaqruk. Then dog-teams went out to the snowhouse to look around, but they did not see anything, for the creature had disappeared. Tunnituaqruk's face had a lot of tattoos. On the cheeks were big breasts, on the chin the vulva, and on the neck were two legs. Animated by evil, they were very bad. They used to be like that before us; creatures of Satan, they used to be very bad. These are the stories of the old people. That's all; I stop.

NOTE: The girl in the story, Maggie Nayummi, was still alive at the time of its telling as the wife of Nattaiaapik and the mother of Aisa Amiqtaqqiq and Mosusie Aupaluttuq. The boy, deceased, was survived by sons Qilupaq and Saamisa. Tunnituaqruk are so named because of the many tattoos, tunnit, on the face. Entering empty dwellings, they rummage around for food. A couple of them, male and female, often make a little tent for themselves in the bedding. In the carving, a snow bunting perches on top of a Tunnituaqruk which has stopped motionless outside. In summer, both these creatures forage near tents for scraps. Tunnituaqruk's head is a bit smaller than human size in contrast to the basketball-sized, or larger, head of Katyutayuuq.

déchets], apparut soudain le grand visage d'un grand être humain. L'un des deux sauta par le trou de la fenêtre; l'autre s'évanouit et tomba sur le sol. Elle rampa à travers le couloir, folle de terreur.

Alors en pleine nuit, ils se remirent en route parce que l'iglou contenait quelque chose de très effrayant. Ils suivirent durant la nuit les traces de ceux qui avaient déménagé le jour même. Puis ils [les] rejoignirent à l'aube.

Tunnituaqruk était le nom de l'être [qui avait été vu] à l'intérieur de l'iglou. Alors des gens revinrent en traîneau vers l'iglou pour [y] faire des recherches; mais ils ne virent plus rien car il [Tunnituaqruk] avait disparu. Le visage de Tunnituaqruk était couvert de nombreux tatouages. Il possédait des seins sur les joues, une vulve à son menton et deux jambes à son cou.

Toutes les choses de la sorte, ces choses très mauvaises, étaient des émanations d'un mauvais esprit. Autrefois, les émanations de Satan étaient habituellement très mauvaises. Voilà les histoires que racontent les vieilles gens. C'est tout, j'ai fini.

NOTE : La jeune fille du récit, Maggie Nayummi, vivait encore à l'époque où on raconta l'histoire. Elle était l'épouse de Nattaiaapik et la mère d'Aisa Amiqtaqqiq et Mosusie Aupaluttuq. Le garçon est décédé, mais ses fils, Qilupaq et Saamisa, lui survivent. Les Tunnituaqruk sont ainsi nommés à cause des nombreux tatouages (tunnit) qu'ils ont sur le visage. Ils s'introduisent dans les maisons vacantes et les fouillent, en quête de nourriture. Très souvent aussi, ils vont par couple, se faire une petite tente avec le matériel de couchage. La sculpture représente un plectrophane des neiges perché sur un Tunnituaqruk qui s'est immobilisé dehors. En été, ces deux créatures fouillent près des tentes pour trouver des restes de nourriture. La tête du Tunnituaqruk est un peu plus petite que celle d'un homme et fait contraste surtout avec la tête grosse comme un ballon de Katyutayuuq.

Plate 21
A. The woman going to get water
(h. 21 cm; *Photo* Richard Garner)
B. The man and the hairy monster
(h. 24.5 cm; *Photo* Toby Rainey)

Planche 21
A. La femme allant chercher de l'eau
(h. 21 cm; *Photo* Richard Garner)
B. L'homme et le monstre poilu
(h. 24.5 cm; *Photo* Toby Rainey)

17 ᒥᒃᑭᐊᔪᖅ

miqqiayuuq

Carvings and story by Saamisa Paqsauraaluk
E9-806 (IV-B-1304,-1300; AR 4-18)

This woman was going to fetch some water during a bad blizzard. She was going to dip it up from a waterhole [made in the ice], for they had run out during the storm. Going to the waterhole then, she was starting to dip, but just as she dipped into the hole, the water went away from her. Since the water kept going away just as she dipped, the woman was a long time at the waterhole trying to get some. Then, simply stopping when the water kept going away, she gave up and went home. Although she could see the water, when she dipped down towards it, it kept leaving her. So, not knowing what to do, she finally went home.

Then, since the woman had given up, her husband went to fetch the water saying, "Let me have a try." He was going to get the water because he didn't believe her. Arriving at the waterhole, he started to dip, but just as he did, a big thing came out in sight, all hairy, without a face, with hardly any features at all, standing bolt upright. Dazed, all the man said was, "My goodness!" "My Goodness!" said the big standing thing too, though it was not scared to death nor even mildly frightened. It was what had made the water unobtainable when the woman was trying to get some.

Thus the ancients used to have some strange things about. We people have no first-hand knowledge of them but rather just tell little stories we have heard. Although we heard much from our forebears, we have forgotten a lot and no longer know much. This story here is ceasing to be known; here we have heard it just poorly told.

miqqiayuuq

Sculptures et histoire de Saamisa Paqsauraaluk
E9-806 (IV-B-1304,-1300; AR 4-18)

Cette femme était partie chercher de l'eau alors qu'il y avait une grosse tempête de neige. Celle-ci était [donc] partie chercher de l'eau, car ils n'avaient plus d'eau à cause de la grosse tempête de neige, et ils ne pouvaient plus boire d'eau; elle allait pour puiser de l'eau dans un trou d'eau [où l'on puisait d'habitude]. Alors comme elle arrivait au trou d'eau, elle s'apprêta à puiser dans le trou, mais comme elle se mettait à puiser, l'eau s'éloignait d'elle. Comme l'eau s'éloignait d'elle dès qu'elle se mettait à puiser, la femme qui était partie chercher de l'eau essaya pendant longtemps de puiser. Alors, comme elle se retrouvait sans rien, tout en s'efforçant de puiser, car l'eau s'éloignait tout simplement, alors, découragée, elle rentre tout bonnement chez elle. Bien qu'elle vît l'eau, quand elle se mettait à puiser, le trou d'eau n'avait plus d'eau, car l'eau s'éloignait d'elle. Alors, ne sachant que faire, elle rentre chez elle, car dès qu'elle puisait, l'eau s'éloignait.

Alors son conjoint, un homme, alla chercher de l'eau car elle était découragée : «Laisse-moi faire», dit-il, et il partit chercher de l'eau, car il n'arrivait pas à la croire. Alors il se rendit au trou d'eau et lorsqu'il fut arrivé, se disposa à puiser. Mais au moment où il s'apprêtait à puiser, apparut subitement cet être plein de poils qui se dressait, sans visage ni forme. Alors, ne faisant plus du tout le fier : «Horreur», dit-il tout simplement; celui qui s'était dressé dit lui aussi : «Horreur», sans cependant paraître étonné ni même effrayé.

C'est lui qui avait rendu l'eau inaccessible lorsqu'on s'efforçait de la puiser. Les ancêtres avaient ainsi des mésaventures. Nous, les gens [de maintenant] nous ne les connaissons plus, c'est-à-dire, nous pouvons tout simplement raconter de petites histoires, le peu que nous ayons entendu, qui cependant a été bien entendu.

Plate 22
A. The woman nursing her caterpillar
(h. 21 cm; *Photo* Richard Garner)
B. The husband throwing out the caterpillar
(h. 24 cm; *Photo* Toby Rainey)

Planche 22
A. La femme nourrissant sa chenille
(h. 21 cm; *Photo* Richard Garner)
B. Le mari jetant la chenille
(h. 24 cm; *Photo* Toby Rainey)

18 ᐊᖅᐊᒧᒃ ᐊᐅᕐᐱᒧ

the woman and the caterpillar

Carvings and story by Saamisa Paqsauraaluk
E9-806 (IV-B-1289,-1293; syllabic text)

This woman took and kept a worm which she found on the ground. She adopted a repulsive caterpillar, but she did not take it to be so. Sucking just on the skin, it fed on blood. Since it had a human mother, it sucked the blood from her breast, having her blood for food. The woman was not found out, because through shyness she did not tell anybody, not even one. Not even her husband knew about her, for she was stealthy. Without the worm as her child getting known about, she loved it because she had never had a child before, although she was married. Her husband used to hear the worm's cry, but he did not know what it might be. No wonder it went on for a long time, from summer to winter.

    Then the husband, after long missing his mitt, found it with the worm inside. Since it was winter when he found the missing article in the house, he threw the worm into the vestibule - no wonder, for he was horrified. It was pounced upon by the dogs and eaten. There was blood all over the vestibule and outside as it was torn up by the dogs, for it was big inside a mitt with a gauntlet. When her child was eaten by the dogs, the woman, weeping, said, "Has my little Tiitiitii been burst?" The worm's cry was tii-tii-tii-tii.

la femme et la chenille

Sculptures et histoire de Saamisa Paqsauraaluk
E9-806 (IV-B-1289,-1293; texte syllabique)

Cette femme ramassa un insecte terrestre qu'elle aperçut et elle le conserva. Elle adopta une chenille répugnante, mais elle n'en éprouvait aucun dégoût. La femme [en] prit soin et elle la fit téter; elle recevait sa nourriture en suçant le sang de sa propre peau [de la femme], suçant le sang sur sa poitrine. Elle [la chenille] avait comme mère un être humain et comme nourriture son sang. La chenille, en tant que son enfant, n'étant donc connue de personne, elle l'aimait, n'ayant jamais eu d'enfant auparavant bien qu'elle fût mariée. Bien que son mari entendît parfois la voix de l'insecte, il ignorait ce que c'était. Cela se prolongea longtemps, et ce n'est pas étonnant, depuis l'été jusqu'à l'arrivée de l'hiver.

    Son mari qui depuis longtemps avait égaré sa moufle, aperçut l'insecte dans la moufle. Comme c'était l'hiver lorsqu'il trouva dans la maison la chose [la moufle] perdue, il [en] jeta [le contenu] dans le porche, ce n'est pas étonnant, car il fut saisi de frayeur. Elle [la chenille] fut déchirée et mangée par les chiens. Il y eut du sang dans le porche et dehors après qu'elle fut déchirée par les chiens, car elle était devenue très grosse [à l'intérieur] de la moufle à manche. Comme son rejeton avait été mangé par les chiens, elle pleura et dit ainsi : «Mon petit tiitiitii, n'a-t-il pas été crevé!» C'était le cri de l'insecte : tii-tii-tii.

Plate 23
The hawk and the goose
(*Photo* Asen Balikci)

Planche 23
Le faucon et l'oie
(*Photo* Asen Balikci)

19 ᑭᓐᑯᔭᔭᕐᓗ ᓂᕐᓕᕐᓗ

the hawk and the goose

Carving and story by Nua E9-848 (syllabic text)

A rough-legged hawk wanted a snow goose for a wife for a long time. The goose, however, was not agreeing to the hawk. The hawk said, "I'll just hover" [a characteristic]. While travelling where there is no land, over open water, the snow geese land on the water when tired. So then, having taken the goose for his wife, the hawk started following. He was not the same, being slower and, in addition, non-aquatic. And then the geese, tiring, were landing on the water. When they landed, he was hovering as he had said, "Because I would hover." Trying to land because he was tired, he clutched the feathers on the back of the snow goose. But he fell over backwards into the water. Such was the hawk's misfortune.

le faucon et l'oie

Sculpture et histoire de Nua E9-848 (texte syllabique)

Un faucon voulait avoir pour femme une oie blanche; longtemps cependant l'oie refusa de rejoindre le faucon. Le faucon dit : «Je volerai longtemps sur place, immobile». Les oies blanches, pendant leurs voyages [migratoires] au-dessus de l'eau, là où il n'y a aucune terre, ont l'habitude de se poser sur l'eau lorsqu'elles sont fatiguées. De fait, le faucon, après avoir pris l'oie blanche pour femme, se mit à la suivre. Mais il n'avait pas les mêmes qualités qu'elle, étant plus lent et n'étant pas un oiseau aquatique. En effet, lorsque les oies blanches sont fatiguées, elles se posent sur l'eau.

Le faucon [la] suivit [et] comme elles étaient posées [sur l'eau] il vola sur place. «Je vais voler sur place», dit-il; mais comme il était fatigué il chercha à se poser sur le dos de l'oie blanche et, ce faisant, lui arracha les plumes du dos et culbuta tout simplement dans l'eau. Telle fut la mésaventure du faucon.

Plate 24
The owl with the lemming in its claws
(h. 14 cm; *Photo* Richard Garner)

Planche 24
Un lemming dans les griffes du hibou
(h. 14 cm; *Photo* Richard Garner)

20 ᐅᑉᐱᑯ ᐊᕕᖕᒐᓗ

the owl and the lemming

Carving and story by Liivai Alaasuaq E9-1326
(IV-B-1294; syllabic text)

"From where do you shit? Is it from your mouth that you shit? Or is it from your big tail that you shit?"

"One who would be nothing with my teeth has such a big mouth, has such a big mouth."

NOTE: The owl which swallows its prey quite whole later vomits up the indigestible parts. Bones, teeth, claws, and beaks are brought up with sharp ends wrapped in fur and feathers, as little packaged units. These cast pellets, which look like grey rolls of felt in the case of the snowy owl, are always found about the hummocks on which this owl roosts (Information courtesy S.D. MacDonald).

le hibou et le lemming

Sculpture et histoire de Liivai Alaasuaq E9-1326
(IV-B-1294; texte syllabique)

«Par où défèques-tu? Défèques-tu par la bouche ou bien défèques-tu par ta longue queue?»

«Celui qui va être réduit à rien par ma dent, n'a-t-il pas vraiment une grande gueule!»

NOTE : Le hibou (harfang des neiges) qui avale sa proie presque entière restitue par la suite, les éléments indigestes. Les os, les dents, les griffes et les becs se trouvent rejetés dans des pelotes de régurgitation, les extrémités pointues étant enrobées de fourrure et de plumes. Les pelotes du harfang des neiges ressemblent à des boules de feutre gris et on les retrouve immanquablement sur les monticules où il se perche (informateur S.D. MacDonald).

Plate 25

A. The bear peeping in the window-hole

(*Photo* Asen Balikci)

B. "My brother, good dog meat"

(*Photo* Asen Balikci)

Planche 25

A. L'ours jetant un coup d'oeil par la baie

(*Photo* Asen Balikci)

B. La petite fille apportant de la nourriture à son frère aveugle

(*Photo* Asen Balikci)

21 ᐅᓗᒪᖅ

lumaaq

Carvings and story by Aisa Qupiqrualuk E9-801 (syllabic text)

These people - a woman with a son who is blind and also a daughter - these are being come upon by a bear. When the bear peeks through where the window used to be [the heavy ice pane having melted and fallen in], the mother of the blind boy is telling him to shoot it with a bow and arrow. Though blind, he is strong enough; so he shoots. And his mother is lying already, saying, since they had a dog called Uuka, "You shot Uuka." She lies, but the blind boy hears the animal hit by his shooting and says, "It sounds as if I shot some beast." His mother still replies, "No, no. You shot Uuka." Since the bear dies afar off, his mother and sister will leave him behind because they want the food all to themselves. When it is almost spring, they leave the blind boy behind in the old snowhouse. His sister will save him by stealing.

lumaaq

Sculptures et histoire d'Aisa Qupiqrualuk E9-801 (texte syllabique)

Ces gens - cette femme qui avait un fils aveugle et qui avait aussi une fille - ceux-ci, donc, reçurent la visite d'un ours blanc; par l'embrasure de la fenêtre - dont la vitre avait fondu - l'ours blanc se mit à regarder à l'intérieur. La mère de l'aveugle lui fit alors tirer des flèches dessus avec un arc. Bien qu'étant aveugle, il était fort et il atteignit [l'ours].

Sa mère se mit à mentir; comme elle avait un chien nommé Uuka, elle dit : «C'est Uuka que tu as atteint»; elle mentait. L'aveugle entendit cependant les grognements de l'animal qu'il avait atteint et dit : «On dirait que j'ai atteint un animal qui grogne». Mais sa mère répondit encore : «Non, non, c'est Uuka qui a été atteint». Comme [l'ours] avait été mourir au loin, sa mère [de l'aveugle], accompagnée de sa fille [à elle], l'abandonna là, car elle voulait avoir la nourriture pour elle seule.

Plate 26
She brought him food inside her parka
(NA-959, h. 27.5 cm)

Planche 26
Elle cachait la viande sous son anorak
(NA-959, h. 27.5 cm)

Thus the boy is left in the old abandoned snowhouse. Having shot the bear, he is being forsaken by his mother because he is blind. But he is fed by his sister. Loving her blind brother, she used to bring him some of her food inside her parka. She was feeding her brother with stolen food without getting found out by her mother. He was now in an old snowhouse without a roof [the spring warmth having melted and collapsed the dome]. "My brother, good dog meat," she always said. Wanting to regain his sight, he will have his eyes opened since he wants them opened.

Blind, abandoned by his mother and left behind in the old snowhouse, he is continually seeking to be given sight. So, since he is in an old snowhouse without a roof, he calls to the loon, and the loon comes. The loon wants to lead him to the water, and the boy is led there. When they arrive, the loon says, "Dive down. When you are dying, suffocating and dying, I will bring you up to the surface." And so he dives underwater. When he moves because he is choking from lack of breath, he is brought up. Then the loon says, "What do you see?" The boy says, "I see light." The loon speaks again, "But indeed! Move only when you are suffocating and dying," and he makes him dive for a second time. The boy moves again because he is choking, and when he is brought up, the loon asks again, "What do you see?" The boy answers, "I see land, but not very clearly." The loon says again, "But indeed! Move only when you are dying of suffocation," and he makes him dive a third time. Because he is dying of suffocation, the boy moves once more, and when he is brought up, the loon asks again, "What do you see?" The boy says, "Far away there on the side of that hill I see a lemming going into its hole." Thus the boy is made to see by the loon and is now back to normal.

Then, since he had regained his sight, he was providing for his mother and sister with game, with tomcods and sculpins. As he was doing so, there were some white whales in close beside the land, and he wanted to harpoon them. To brace against the line, he says to his mother, "When I harpoon, we will brace against the line together. You will be behind me, so tie the line around your waist when I harpoon." And then when he harpoons, just as he is about to pull back

Elle abandonna l'aveugle dans le vieil iglou de neige, comme le printemps arrivait. Sa sœur s'efforça de le faire vivre avec de la nourriture qu'elle volait. Ainsi, celui-ci, l'aveugle, fut abandonné dans le vieil iglou de neige. Après avoir tué l'ours, il fut abandonné seul, par sa mère, parce qu'il était aveugle; il était cependant maintenu en vie par sa sœur; par affection pour son frère, parce qu'il était aveugle, elle lui apportait une partie de ce qu'elle mangeait elle-même, elle lui apportait une partie de ce qu'elle mangeait en le mettant à l'intérieur de son parka. Évitant d'être vue par sa mère, elle faisait vivre son frère avec ce qu'elle avait volé. L'iglou dans lequel il était, n'avait maintenant plus de dôme. «Frère, voici de la bonne viande de chien», disait-elle ainsi à chaque fois. Il voulait recouvrer la vue, il arrivera à recouvrer la vue parce qu'il voulait la recouvrer. Alors celui-ci, aveugle et délaissé par sa mère, abandonné dans un vieil iglou de neige, désira ardemment recouvrer la vue.

Étant dans cet état d'esprit, et comme il se trouvait à l'intérieur d'un vieil iglou sans dôme, il appela en direction du grand huart. Le grand huart vint [à lui] dans l'intention de le guider vers l'eau [d'un lac]. Ainsi l'aveugle fut conduit vers l'eau [d'un lac]. Comme ils arrivaient, le grand huart dit : «Plonge! Deviens inanimé! Perds le souffle! Lorsque tu seras inanimé, je te ramènerai à la surface». Effectivement il plongea. Comme il devenait inanimé il fit un mouvement et fut ramené à la surface. Alors le grand huart dit : «Que vois-tu?» L'homme dit : «Je vois de la lumière». Le grand huart dit encore : «En vérité tu ne remueras que lorsque tu perdras le souffle, lorsque tu seras inanimé».

Il le fit plonger une seconde fois. L'homme perdant son souffle se mit à remuer et il fut ramené à la surface. Le grand huart dit : «Que vois-tu?» L'homme répondit : «Je vois la terre, mais je ne la vois pas très distinctement!» Le grand huart dit : «En vérité tu ne remueras que lorsque tu seras inanimé, lorsque tu perdras le souffle». Et pour la troisième fois, il le fit plonger. Comme il avait perdu le souffle, qu'il était inanimé, l'homme remua et fut ramené à la surface. Le grand huart dit : «Que vois-tu?» L'homme dit : «La-bas, sur le flanc de la colline, je vois un lemming qui entre dans son terrier». C'est ainsi que l'homme recouvra la vue grâce au grand huart et redevint normal.

Plate 27

A. The loon leading the blind boy to the water

(*Photo* Asen Balikci)

B. The mother being towed under by a white whale

(*Photo* Asen Balikci)

Planche 27

A. Le huart conduisant le jeune aveugle à l'eau

(*Photo* Asen Balikci)

B. La mère emportée sous l'eau par une baleine blanche

(*Photo* Asen Balikci)

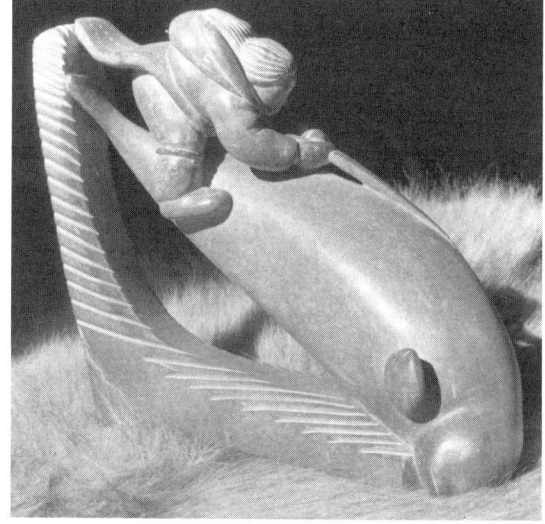

against the line, he lets go of it without pulling at all. Hence his mother, because she is tied around the middle, starts running towards the water and plunges under. As she goes under, she says, "Lumaa, lumaa, lumaa, lumaa, lumaa," and also, "If only I could squeeze the water out of my skin on top of that hill, lumaa." These sounds were repeated over and over again as she surfaced with the white whales. Here are the words the boy spoke when his mother plunged underwater: "My mother's hood has become a fish's tail, iya iyaa." So he said as his mother dove down.

NOTE: Hawkes gives a version, perhaps from Atlantic Labrador, in which the cry 'lumaa' is explained as the last part of irngnialuma, translated as "My son did it" (1916: 158). Aisa Qupiqrualuk wrote his story in four segments, each on a separate sheet of paper to go with one of the four carvings. As is evident, this segmenting has affected the way in which the story is told. A part at the beginning of the last section summarizing the previous action has been omitted as it is overly repetitive.

Alors, comme il avait recouvré la vue, il se mit à pourvoir sa mère et sa sœur en gibier : morues et chabots. Comme il agissait ainsi, des belugas vinrent tout près du rivage et il voulut les harponner. Désirant qu'on tire [avec lui] sur la courroie du harpon, il dit à sa mère : «Comme je vais harponner, lorsque j'aurai harponné nous tirerons tous les deux sur la ligne. Tu seras derrière moi, attache donc la ligne à ta taille. Il harponna effectivement et comme il était sur le point de tirer [sur la courroie] il lâcha la courroie sans même tirer. Mais comme celle-ci, sa mère, était attachée par la taille, elle fut tout simplement précipitée vers l'eau [où elle plongea]; comme elle plongeait elle s'écria : «Lumaa, lumaa, lumaa, lumaa, lumaa - disant encore - Si je pouvais seulement me sécher au sommet de cette colline, lumaa!» Voilà les paroles qu'elle prononça dorénavant lorsqu'elle réapparaissait à la surface [et ainsi de même] lorsque les belugas apparaissent à la surface. Voilà ce qu'on raconte. Comme sa mère avait plongé [dans l'eau] il dit : «La pointe du capuchon de ma mère est emportée dans l'eau iya, iyaa», dit-il, lorsque sa mère plongea dans l'eau.

NOTE : Hawkes donne une version provenant peut-être de la côte atlantique du Labrador et selon laquelle le cri «lumaa» serait la dernière partie de l'expression irngnialuma qui se traduit par «C'est mon fils qui a fait cela» (1916 : 158). La présente version a été rédigée en quatre épisodes sur des feuilles distinctes qui correspondent respectivement aux quatre sculptures. Il est évident que cette division a influé sur la façon dont l'histoire est racontée. Au début du dernier épisode, on a omis une partie qui résume la scène précédente, à cause des trop nombreuses répétitions.

Plate 28
Pushing the stranded half-fish off the rocks
(l. 38 cm; *Photo* Richard Garner)

Planche 28
Un homme poussant à l'eau l'être à moitié poisson échoué sur des rochers
(l. 38 cm; *Photo* Richard Garner)

22 ᐃᖃᓗᓕᒃ

the half-fish

Carving and story by Taivitialuk Alaasuaq E9-824 (IV-B-1352; AR 1-6)

A man was out hunting on foot looking for driftwood along the shore. Over in the distance, while still far off, he saw a creature half-fish and half-human on the shore waving to him. As it kept waving, he went over to it. And so when he arrived,

"Don't come close. Don't come close; just stay nearby," said the half-fish.
"Then how can I get you into the water without touching you?" said the man.
"You are looking for wood. Find some wood and try to push me out into the water. If you push me out, I will reward you," it said.

So then, looking for wood, he got some to try to push it out into the water. As it was really stuck fast in the rocks and as the half-fish was very heavy, he worked a long time. When at last he pushed it out in the water, the half-fish said to him,

"At dawn I will place here a gramophone, a gun, and a sewing machine."

And so the half-fish went off, far away out there in the water. The man simply went home. Then when dawn came, the man returned to the shore to the spot where he had pushed the creature out to sea. And there on the shore the half-fish had put a gramophone, a gun, and a sewing machine. But it was nowhere to be seen. The gramophone, the sewing machine, and the gun, just these were found. And so all the white men are learning [to do as the half-fish did] we people are thinking. That's the way the story goes; I stop because it's finished.

l'être à moitié poisson

Sculpture et histoire de Taivitialuk Alaasuaq E9-824 (IV-B-1352; AR 1-6)

Cet homme était parti à pied, à la recherche de bois [d'épave] sur le rivage; marchant sur le rivage, il cherchait du bois d'épave. Il vit alors, là-bas, au loin sur le rivage, un être mi-poisson mi-humain qui se mit à [lui] faire des signes. Comme on lui faisait des signes, il [y] alla; de fait quand il parvint près de lui : «N'approche plus! N'approche plus! Tiens-toi simplement à courte distance!» Ainsi parla l'être à moitié poisson. «Mais comment pourrai-je ne pas te toucher, je ne pourrai pas te remettre dans l'eau», ainsi parla l'homme. «Pars à la recherche de bois, cherche un morceau de bois, tu essayeras de me mettre dans l'eau; si tu me remets dans l'eau, je te récompenserai», c'est ainsi qu'il parla.

De fait, celui qui cherchait du bois, partit à la recherche d'un morceau de bois qui pourrait lui servir à [le] remettre dans l'eau. Comme l'être à moitié poisson était très lourd et reposait au milieu des pierres, il [l'homme] travailla longtemps. De fait, comme il l'avait remis dans l'eau et qu'il lui avait fait atteindre l'eau, il se fit dire ainsi, ainsi parla l'être à moitié poisson : «Au lever du jour j'apporterai ici un tourne-disque, un fusil et une machine à coudre»; il parla ainsi. Alors l'être à moitié poisson partit au loin vers le large, dans l'eau. L'homme, lui, rentre tout simplement chez lui.

Le lendemain, il retourna là-bas, sur le rivage, dès le lever du jour, à l'endroit où il l'avait poussé vers l'eau. Effectivement l'être à moitié poisson avait apporté sur le rivage un tourne-disque, un fusil et une machine à coudre, mais lui-même [l'être à moitié poisson] n'était plus visible; il [l'homme] vit seulement le tourne-disque, la machine à coudre et le fusil. Alors, nous, les Inuit, nous pensons que tous les Blancs ont appris [à faire comme l'être à moitié poisson]. Voilà l'histoire, c'est ainsi qu'elle s'est passée. C'est fini, je m'arrête parce que c'est terminé.

Plate 29
A. Alikammiq with his kayak capsized
(l. 30.5 cm; *Photo* Richard Garner)
B. Underside of A.
(*Photo* Richard Garner)

Planche 29
A. Alikammiq et son kayak chaviré
(l. 30.5 cm; *Photo* Richard Garner)
B. Dos de A.
(*Photo* Richard Garner)

23 ᐊᓕᑲᒻᒥᖅ ᑲᔭᑐᓚᐅᖅᑐᕕᓂᖅ

alikammiq's kayak drowning

Carving and story by Taivitialuk Alaasuaq E9-824 (IV-B-1350; AR 1-7)

While out hunting in a kayak, Alikammiq overturned and drowned. So then, when he was searched for, he was found by the shore. But not the kayak; only the man was found. He was put ashore dead. Then after a while when three days had passed, he was found living on the third day. So he was named Anaqraniq ['The one who came home']. When his life is not completed, a man cannot die. Because this individual's life was not yet finished, he lived for a long time until he was very old after having died once before. Thus go our stories. Alikammiq is of very old times. He revived and was living, although he had died earlier.

NOTE: Among Copper Eskimos (Umingmaktormiut) Rasmussen recorded the belief that "People who have met their death in the sea and who wore special amulets or had special formulae said over them at birth come alive again after three days" (1932: 51).

alikammiq qui chavira en kayak

Sculpture et histoire de Taivitialuk Alaasuaq E9-824 (IV-B-1350; AR 1-7)

Celui-ci, Alikammiq, partit en kayak et se retourna [en kayak], il mourut noyé. Alors on le rechercha et on l'aperçut sur le rivage, mais sans trouver trace de son kayak. On ne retrouva que l'homme. Alors on le transporta ainsi, mort, sur la terre ferme. Puis après un certain laps de temps, après que trois jours se furent écoulés, on le retrouva en vie, le troisième jour.

Il fut ainsi dénommé Anaqraniq [le revenant, celui qui revient chez lui]. Tant que la vie de quelqu'un n'est pas parvenue à son terme, il ne peut pas mourir. Comme la vie de celui-ci n'était pas arrivée à son terme, il vécut encore très longtemps et devint très vieux, lui qui était pourtant mort auparavant.

C'est ainsi que nous racontons; celui-ci, Alikammiq, appartient aux temps très reculés; se portant bien, se portant de nouveau très bien, il revécut tout simplement après être mort auparavant. C'est tout, son histoire est achevée, c'est tout.

NOTE : Rasmussen rapporte une croyance des Esquimaux du cuivre (Umingmaktormiut) selon laquelle «ceux qui ont trouvé la mort en mer et qui portaient des amulettes particulières ou pour qui on avait récité des formules spéciales à leur naissance, reviennent à la vie au bout de trois jours» (1932 : 51).

Plate 30
Alikammiq and his wife taking a big seal
(l. 36.5 cm; *Photo* Richard Garner)

Planche 30
Alikammiq et sa femme prenant un gros phoque
(l. 36.5 cm; *Photo* Richard Garner)

24 ᐊᓕᒃᑲᒥᒃ ᑎᒡᓕᐅᑐᐃᓂᒃ ᓂᕿᒃ

alikammiq and his wife steal a seal

Carving and story by Taivitialuk Alaasuaq E9-824 (IV-B-1336; AR 1-8)

This couple, Alikammiq and his wife, were going to visit another place because they were very hungry. They went to people who were well off and had lots of seal meat for food. They ate, but they were not bothered with and were not given anything to take home. So when night came, they went out because the big stores of meat, the big seals, were outside. While it was dark they took a seal, breaking in and stealing. Then they started walking, taking the seal back home. Because their folks were hungry and since they had not been attended to by their hosts, they simply took the seal. Even though this was done, it was not therefore bad. They stole, but it did not matter because they were not looked after.

alikammiq et sa femme qui volèrent de la viande

Sculpture et histoire de Taivitialuk Alaasuaq E9-824 (IV-B-1336; AR 1-8)

Ce couple, Alikammiq et sa femme allèrent en visite [dans un autre camp] car ils avaient très faim. Ils allèrent chez des gens qui ne souffraient pas de la faim et qui avaient de la viande en abondance, de la viande de phoque. Mais on ne s'occupa pas bien d'eux, et même s'ils purent manger, on ne leur donna rien pour rapporter chez eux.

Alors, lorsque survint la nuit, ils sortirent tous les deux, car toute la viande se trouvait dehors, les nombreuses carcasses de phoque étaient à l'extérieur. Ils saisirent tous deux une carcasse de phoque, dans l'obscurité, commettant un larcin, commettant un vol. Alors ils se mirent tous deux en marche, rapportant chez eux une carcasse de phoque [pour les leurs]. Comme leurs hôtes n'avaient pas pris soin d'eux et que les leurs avaient très faim, ils s'efforcèrent de rapporter tout simplement [pour eux] un phoque entier. Bien qu'ils eussent agi de la sorte, ce n'était pas grave; bien qu'ils eussent commis un vol, cela n'était pas grave, car on n'avait pas pris soin d'eux. Voilà, l'histoire est terminée. C'est tout.

Plate 31
A. Atungaq and his wife
(IV-B-1347, h. 19.5 cm; *Photo* Richard Garner)

Planche 31
A. Atungaq et sa femme
(IV-B-1347, h. 19.5 cm; *Photo* Richard Garner)

25 ᐊᑐᖕᖓᖅ

atungaq

Carvings by Luukasi Uittanga E9-1427; story by Taivitialuk Alaasuaq E9-824 (IV-B-1347,-1349; AR 8-45 read from syllabic script)

We usually hear this story told this way: When they began travelling inland, Atungaq, his wife, and their adopted child left their daughter behind while she was very small. They started to travel with the thought of wanting to go around the world. And so they left their small daughter behind and took along their adopted child [who was older and more helpful]. The man was Atungaq. As for his wife, we don't know who she was. First they reached in a far off land a people called Ungirlaat ['the laced ones,' their clothing being all laced together], who were very nice people, always happy and gay. And then as they went on, they reached another group of people. When they arrived among them, Atungaq's wife pretended to be snowblind [because she was shy and didn't want to meet the strangers]. They came to the Inugagulligait [the dwarfs], once again fine dear people. They came upon people both good and bad. And when they were going to come upon them, Atungaq's wife used to pretend to be snowblind. She was laughed at for being snowblind in midwinter [when there is little sun] by the Kuutsitualiit ['with only one hipbone'] because they were shamans [and knew she was just pretending]. Whenever the Kuutsitualiit went kayaking, they used to capsize since they had only one hipbone. And again they reached the Sipviiluqiit ['the limpers'] in a land far away. Even though it was the middle of winter, the woman pretended to be snowblind, and when they reached the Sipviiluqiit since they were shamans they said,

"She is badly snowblind at the height of winter, ha-ha-ha-ha-ha. Has there ever been anyone snowblind in winter? Ha-ha-ha-ha-ha."

Always travelling through frightening experiences, they reached the Kukkiayuut ['the clawed ones']. Here they are called both Kukkiayuut and Kukiligaatsiat: Kukiligaatsiat in the Itivimiut way

atungaq

Sculptures de Luukasi Uittanga E9-1427; histoire de Taivitialuk Alaasuaq E9-824 (IV-B-1347,-1349; AR 8-45, enregistrée d'une narration syllabique)

C'est ainsi que nous entendons habituellement raconter [cette] histoire. Cette histoire nous l'entendons raconter. On raconte qu'Atungaq, avec sa femme et son adoptée, partirent en voyage vers l'intérieur du pays - sa fille qui était toute petite fut laissée sur place. Ils partirent en voyage avec l'intention de faire le tour du monde. Donc il laissa sur place sa petite fille qui était toute petite et emmena avec lui son adoptée. On dit qu'Atungaq était le nom de l'homme; qui était sa femme, nous ne le savons pas.

Ils allèrent donc en premier dans une contrée très éloignée, chez des gens [appelés] Ungirlaat [«ceux qui sont lacés», dont les vêtements étaient lacés], des gens très sympathiques, des gens très heureux et joyeux. Puis ils arrivèrent ensuite dans une autre contrée très lointaine où ils allèrent en visite. Dès qu'ils allèrent en visite, la femme d'Atungaq prétendit alors avoir l'ophtalmie des neiges. Ils allèrent de nouveau en visite, [cette fois] chez les Inugagulligait [les nains], qui eux aussi étaient des petits êtres sympathiques. Ils rendirent visite [par la suite] à des méchants et à des gens sympathiques; et dès qu'Atungaq et sa femme arrivaient en visite [quelque part] sa femme prétendait avoir l'ophtalmie des neiges.

Elle fut la risée des Kuutsitualiit [ceux qui n'ont qu'une hanche], qui étaient de grands chamans, parce qu'elle prétendait avoir l'ophtalmie des neiges en plein hiver. On dit que les Kuutsitualiit lorsqu'ils faisaient du kayak, se retournaient souvent en kayak, dit-on, car ils n'avaient qu'une seule hanche.

Puis, dans une autre région très lointaine, ils rendirent encore visite aux Sipviiluqiit [les boiteux]. C'était au cœur de l'hiver et elle [la femme d'Atungaq] prétendit de nouveau avoir l'ophtalmie des neiges, lorsqu'ils arrivèrent chez les Sipviiluqiit. Comme ils étaient de grands chamans [ils s'écrièrent] : «Celle-ci prétend avoir une grave ophtalmie des neiges en plein

B. At a smooth cliff

(IV-B-1349, h. 28 cm; *Photo* Richard Garner)

B. Escalade de la face lisse d'une falaise

(IV-B-1349, h. 28 cm; *Photo* Richard Garner)

[those on the other side of the land, i.e., people of Cape Smith and points north and east; some of whom, however, now reside at Povungnituk] and Kukkiayuut by the Povungnituk people. Though they are human, their nails are the same as the claws of the big snowy owl. When it was night, the Atungaq stayed with the Kukiligaatsiat. Having slept, when it grew light in the morning, their adopted child was going to get some kindling fire from their Kukiligaatsiat neighbours. Speaking up just outside their door, she said,

> "I am getting a light."
> "Go ahead! Come in, but take your coat off!"
> "What?"
> "Go ahead! Come in, but take your coat off!"

And so, taking off her coat, she went in. No sooner was she in than she was being scratched to death on the floor and eaten. Because she was very late, Atungaq went over during the morning to look for her. Unexpectedly he saw her heart bouncing on the floor. Then he started stabbing the Kukkiayuut with a long-handled knife.

"I tried to tell them not to do it, but look at them! I tried to tell them not to do it, but look at them!" the old man of the Kukiligaatsiat said after the killing.

After their adopted child was killed, the Atungaq kept travelling along. When they arrived home, Atungaq's little daughter, whom he had left behind while she was very small, was a very old woman. They had tried to go around the world, but because the world is large, they did not go around it, although they returned to the same place, to their home, thinking that they had gone around. Because the world is round, to go around it is impossible. I stop now.

NOTE: When he was small, the storyteller thought that the edge of the world was not far off and that one could go around along it. But now that the world is a round sphere, one cannot be at its edge. The little stick on the forehead of Atungaq in the carving was put there because, according to the carver, he was sleepy. Another said it was a sort of medallion, qauqmiutak, to make him walk without hesitation.

hiver, ha ha ha ha ha! Quelqu'un a-t-il déjà eu l'ophtalmie des neiges l'hiver ha ha ha ha ha!»

Traversant toujours dans leur voyage des épreuves terrifiantes ils arrivèrent en visite chez les Kukkiayuut [les grandes griffes]. On les appelle ici Kukkiayuut ou Kukiligaatsiat; Kukiligaatsiat est la façon dont les appellent les gens de l'autre côté [de la péninsule]; Kukkiayuut, est la façon dont les appellent les gens de Povungnituk [les deux termes sont actuellement employés dans le village car y résident des immigrants venant de l'autre région]. C'étaient des êtres humains, mais leurs ongles étaient semblables aux griffes du harfang des neiges.

Alors un soir, ils [la famille d'Atungaq] allèrent camper chez les Kukiligaatsiat. Après qu'ils eurent dormi, le lendemain matin, l'adoptée de la famille d'Atungaq alla chercher du feu chez leurs voisins Kukiligaatsiat; alors devant leur porte elle dit : «Je viens chercher du feu», c'est ainsi qu'elle dit. «Viens, entre et retire ton parka». - «Que dites-vous?» - «Viens, entre et retire ton parka». De fait elle entra et enleva son parka, mais aussitôt elle fut lacérée à coup de griffes sur le sol, tuée et dévorée.

On raconte que comme elle tardait beaucoup à revenir, Atungaq partit à sa recherche, dans la matinée et voilà qu'il vit son cœur qui battait sur le sol. Alors, dit-on, il transperça les Kukkiayuut avec un couteau, un couteau à long manche. «J'ai essayé de leur dire de ne pas faire ça, à ceux-là». «J'ai essayé de leur dire de ne pas faire ça, à ceux-là», dit le vieil homme Kukiligaatsiat alors qu'on le tuait. Puis, comme leur adoptée avait été tuée, Atungaq et sa femme prirent le chemin du retour. Ils arrivèrent chez eux mais la petite fille d'Atungaq, qu'ils avaient laissée là-bas alors qu'elle était toute petite était devenue à présent une vieille femme. Bien qu'ils se fussent efforcés de faire le tour du monde, ils ne parvinrent pas à [en] faire le tour car le monde est très grand. Mais comme ils revinrent chez eux, au même endroit, ils crurent cependant [en] avoir fait le tour. Comme la terre est ronde, on ne peut pas faire le tour du monde. C'est tout, j'ai fini.

NOTE : Lorsqu'il était enfant, le narrateur croyait que la limite de la terre n'était pas très éloignée et que l'on pouvait y marcher. Mais puisque la terre est ronde, on ne peut atteindre sa limite. Le bâtonnet qu'Atungaq porte au front dans la sculpture indique qu'il avait sommeil, selon le sculpteur lui-même. Le bâtonnet finit par creuser une petite dépression dans le front. Un autre a rapporté qu'il s'agissait d'une sorte de médaillon, qauqmiutak, pour l'aider à marcher d'un pas résolu.

Plate 32
A. Tammatuyuq taking the baby
(IV-B-1309, l. 21.5 cm; *Photo* Richard Garner)
B. Sucking the baby's brain
(IV-B-1306, l. 26 cm; *Photo* Toby Rainey)

Planche 32
A. Tammatuyuq prenant le bébé
(IV-B-1309, l. 21.5 cm; *Photo* Richard Garner)
B. Une femme suçant le cerveau d'un bébé
(IV-B-1306, l. 26 cm; *Photo* Toby Rainey)

26 ᑕᒪᑐᔪᖅ

tammatuyuq

Carvings and story by Putuguq Pilupusi E9-1414 (IV-B-1309,-1306; syllabic text)

This woman is in a state of arrival because she usually is. When she went far away, she tried to go right around the world. She was one of the first people. Her husband's name was Atungaq. They still have tracks left in the solid rock right now. Leaving behind two children, a sister and a brother, they began travelling by sled with two dogs on long traces. As they went on, they used to arrive among many different kinds of people. Upon reaching some people, the woman, being shy, used to pretend that she was snowblind. Then they reached Tammatuyuq's. Because it was stormy and snowy, when the woman went in with a baby in the back of her parka, this Tammatuyuq wanted to take care of the infant while its mother was beating off the snow. And so she took it. Here [refering to the carvings] she has the baby. Having poked it with a needle where there is a lot of blood [in the bregmatic fontanel], she is sucking. When it dies, she will close her eyes in delight and suck.

NOTE: Tammatuyuq might be freely translated as 'the one who makes mistakes.' It may be noticed that Atungaq's family in this story differs somewhat in composition and disposition from that of the previous one.

tammatuyuq

Sculptures et histoire de Putuguq Pilupusi E9-1414 (IV-B-1309,-1306; texte syllabique)

C'est ainsi, dit-on, que cette femme avait l'habitude d'être lorsqu'elle était en train d'arriver. Elle était en voyage au loin, cherchant à faire le tour de la terre. C'était quelqu'un des temps anciens. Son mari avait pour nom Atungaq. On dit que leurs traces sont encore toujours marquées sur le roc. Ils avaient deux enfants, un frère et sa sœur qui étaient restés à la maison, et partirent en traîneau avec deux chiens attachés à de longs traits. Comme ils voyageaient en traîneau, ils arrivèrent chez différentes peuplades. Cette femme, lorsqu'elle arrivait chez certains, prétendait qu'elle avait l'ophtalmie des neiges, car elle était gênée.

Alors ils arrivèrent aussi chez ceux-là, de la famille de Tammatuyuq. Comme il y avait une tempête de neige, lorsqu'elle [la femme] entra portant son enfant contre son dos, celle-ci, Tammatuyuq, voulut prendre son enfant dans les bras pendant que la mère enlevait la neige de ses habits. De fait elle [le] prit dans ses bras. Elle tient ici l'enfant dans ses bras [réfère à la sculpture]. Alors avec une aiguille elle lui transperça la fontanelle [où le sang abonde] et se mit à sucer. Lorsqu'il fut mort, mort, celle qui suçait restait les yeux fermés.

NOTE : On pourrait donner comme traduction libre de l'expression Tammatuyuq «Celle qui commet des erreurs». Il est à remarquer que dans ce récit la famille Atungaq diffère un peu de celle de l'histoire précédente, par sa composition et par le caractère des membres qui en font partie.

Plate 33
The woman with her smothered baby
(h. 28.5 cm; *Photo* Richard Garner)

Planche 33
La femme et son bébé étouffé
(h. 28.5 cm; *Photo* Richard Garner)

27 ᐊᖅᓈᑉ ᐃᐱᑦᓯᓚᐅᑦᑐᐊᓂᑦ ᐱᐊᕋᖓᓂᑦ

the woman who smothered her baby

*Carving and story by Yuanasi Aullaluk E9-1379
(IV-B-1311; syllabic text)*

A woman with a baby on her back sees a snowhouse as she is out walking. Reaching the entrance, she is going in. When she is inside the vestibule, she changes her mind, but as she is still looking around inside the vestibule she hears a noise and so runs inside the main part of the house. She goes right inside the wall and hides there because it is separated within. She starts nursing her baby. A big man coming in says loudly,

"A bear that's turned into a man is carrying a whip and laughing hard. I see him through a little crack."

The woman starts smothering her baby with her breast when it tries to cry. And so it chokes and dies of suffocation. When the big bear entered, the woman was going to go out again. Since she was going to leave with bearskin and sealskin blankets, she wraps her dead child inside a blanket of the bear and goes out.

NOTE: Rasmussen (1929: 271-3) gives a much fuller variant from the Iglulik Eskimos, in which it is explained that the woman walked away from a husband who scolded her a lot. She reaches the house of some bears after first visiting and escaping from a house of wolves in human form. In the bears' house she hides behind skin hangings until the bears come home towards evening. While they recount their experiences of the day, the child begins to call out for his father, and his mother strangles him. She comes out of hiding only the next day after the bears go off hunting again and runs home leaving her dead child in the bears' bedclothes (Cf. Boas 1907: 526-8, 545-6; Rasmussen 1931: 218-9).

la femme qui étouffa son enfant

*Sculpture et histoire de Yuanasi Aullaluk E9-1379
(IV-B-1311; texte syllabique)*

Une femme portant sur son dos un enfant, aperçut un iglou de neige alors qu'elle marchait. Elle parvint à l'entrée, et [y] étant parvenue, elle entra. Arrivée à l'intérieur du porche, elle changea cependant d'idée mais comme elle jetait un coup d'œil à l'intérieur du porche elle entendit des bruits de pas [sur la neige] et s'enfuit vers l'intérieur de l'iglou proprement dit. Elle se glissa directement à l'intérieur de la paroi et s'y cacha car il y avait un espace libre. Elle donna à téter à son enfant.

Un grand ours blanc mâle entra alors, il avait forme humaine. Elle dit : «Je vois par une petite fente un ours blanc métamorphosé en homme; il tient à la main son fouet et rit très fort». Avec son sein la femme étouffa alors son enfant car il commençait à pleurer; et ainsi il fut étouffé, il mourut étouffé. Comme le grand ours blanc entrait, la femme s'apprêta à sortir; comme la femme sortait avec des couvertures en peau d'ours et de phoque, elle sortit en plaçant son enfant mort à l'intérieur d'une couverture appartenant à l'ours.

NOTE : Rasmussen (1929 : 271-273) donne une version beaucoup plus complète d'après les Esquimaux iglulik. On y explique que la femme a quitté son mari qui la réprimandait beaucoup. Elle atteint une maison d'ours, après être d'abord allée chez des loups d'apparence humaine et s'en être échappée. Dans la demeure des ours, elle se cache derrière des tentures de peaux jusqu'à leur retour à la nuit tombante. Pendant qu'ils se racontent leurs aventures de la journée, l'enfant commence à appeler son père, et il est étranglé par sa mère. Cette dernière ne sort de sa cachette que le lendemain après que les ours sont repartis à la chasse, et elle s'enfuit chez elle en laissant le cadavre de son enfant dans les vêtements de nuit des ours (Voir Boas 1907 : 526-528, 545-546; Rasmussen 1931 : 218-219).

Plate 34
The old woman and the bear she choked
(*Photo* Asen Balikci)

Planche 34
La vieille femme et l'ours qu'elle a étouffé
(*Photo* Asen Balikci)

28

the old woman who killed a bear

Carving by Piita Angutiggiq E9-1487; story by Yuani Inuppaq (BA 43-16)

An old woman, a humble little old woman, once killed a bear with her walking stick. A family up from the big lake [Payne Lake] country was going to cross over some rocky terrain. This is the account of a family moving towards the sea. The mother could not walk except with a stick. She used to fall behind and would arrive at night only when it was nearly dawn. They were very hungry, though the son had caches, and they chewed on caribou skins when there was no food. We, too, used to do the same when there was no food. Because they were in a hurry to reach the sea, they kept the caribou meat they ate to a minimum, never eating their fill. They were very wise to do this.

Then when the old woman was walking with her stick as usual in the moonlight very late at night, she was caught up to by a big male bear who was tracking along her trail. Dodging him with the help of her stick, she could not be bitten. Turning her mitts inside out, she put them on the end of her cane. When the bear came after her, she jabbed the stick in his mouth. The mitts stuck in his throat, and he just died.

la vieille femme qui étouffa un ours blanc

Sculpture de Piita Angutiggiq E9-1487; histoire de Yuani Inuppaq (BA 43-16)

Une vieille femme, dit-on, une petite vieille, tua un ours blanc à l'aide de son bâton [qui lui servait pour marcher]. Voici ce que fit une famille qui s'apprêtait à quitter la région de ce grand lac là-haut, au loin, et à aller vers la mer en traversant une zone rocheuse. C'est l'histoire de gens qui descendaient de l'intérieur des terres vers la mer. La grand-mère qui ne pouvait pas marcher, si ce n'est en s'aidant d'un bâton, suivait de loin durant la nuit et ne rejoignait habituellement [les autres] qu'au lever du jour.

La famille souffrait beaucoup de la faim et bien que son fils ait eu des caches [de viande de caribou], ils avaient l'habitude de mâcher longtemps des morceaux de peau de caribou, comme nous faisions lorsqu'il n'y avait plus de nourriture. Ils ne voulaient plus du tout manger de viande de caribou car ils désiraient se rendre à la mer, ils avaient l'habitude de manger très peu, ne voulant plus du tout manger de viande de caribou, ce en quoi ils étaient très avisés.

Alors comme leur vieille était de nouveau en train de marcher avec son bâton, au clair de lune, en pleine nuit, elle fut rattrapée par un grand ours blanc

Spring and Summer Hunting 1965

(Stonecut, Siasi Ateitoq, 21.3 x 43.5 cm; Povungnituk print catalogue 1968, No. 382;
taken from *The Inuit Print*, National Museum of Man, Ottawa, 1977, p. 156)

Chasse printanière et estivale 1965

(Gravure sur pierre, Siasi Ateitoq; 21,3 x 43,5 cm; catalogue d'estampes de Povungnituk 1968, no 382;
tiré de *L'estampe inuit*, Musée national de l'Homme, Ottawa, 1977, p. 156)

Then she was arriving at her home without any mittens on. She was usually left behind because she was hungry [and weak and couldn't keep up]. She was not allowed to go on the sled because she was the mother. Her little grandchild expecting some food as usual appeared to say "Hi, grandma!"

"My dear grandchild, since I've killed an animal you'll be getting something," the grandmother said to him, joyously. They were already sleeping, but she woke them as she usually did.

When morning came, the son wanted to go over to fetch the bear with the old woman, his mother, as a guide.

"It's not here but farther away. It's far away on the other side of that distant hill."

When they got beyond the distant hill, she said, "We've arrived," and he saw the enormous dead creature which she had choked with her mittens. She was taken good care of, and they had her ride on the sled; it was a great happiness. Stories like this were told when none of us were yet born. In the tent of Iyautilik these listeners have heard it for the first time.

mâle qui avait suivi ses traces. Alors le tenant à distance à l'aide de son bâton, elle se gardait de ses morsures, [puis] elle retourna ses moufles et les mit au bout de son bâton. Alors comme il arrivait à elle après l'avoir rejointe, elle lui enfonça ses moufles dans la gueule; il s'étouffa et mourut simplement.

Elle arriva alors chez les siens, n'ayant plus de moufles. Elle suivait habituellement derrière [les autres], car elle avait faim et bien qu'elle fût leur mère, on ne la prenait pas sur le traîneau. On dit que son petit-enfant, ayant le pressentiment qu'il y avait de la viande se montra et dit : «Hé, grand-mère!» La grand-mère dit ainsi : «Petit-enfant, comme j'ai tué un animal, tu en auras un peu». Ainsi elle lui promit ce qu'il pressentait. Ceux-là qui dormaient longtemps, elle les réveilla suivant son habitude. Alors, lorsqu'il fit jour, son fils voulut aller chercher [l'ours] avec la vieille, sa mère pour le guider : «Ce n'est pas encore ici qu'il se trouve, mais là-bas au loin, de l'autre côté de cette colline qui est là-bas au loin. Alors comme il doutait qu'elle eût tué [un gibier], dès qu'ils furent parvenus au-delà de cette colline là-bas au loin - «Nous sommes arrivés», dit-elle, et il vit l'énorme [animal] mort qu'elle avait étouffé avec ses moufles.

Elle fut alors très bien traitée et fut prise sur le traîneau. Elle fut ainsi l'objet d'une grande reconnaissance. Des histoires de ce genre furent racontées alors que nous tous n'étions pas encore nés. C'est dans la tente d'Iyautilik que ceux qui l'entendirent, l'entendirent pour la première fois.

Plate 35
A. Nauyavinaaluk killing
(h. 20 cm; *Photo* Richard Garner)

Planche 35
A. Nauyavinaaluk l'assassin
(h. 20 cm; *Photo* Richard Garner)

29

nauyavinaaluk

Carving and story by Taivitialuk Alaasuaq E9-824 (NA-910; AR 1-9)

The doings of Nauyavinaaluk will be recounted. While visiting at a relative's, he killed his wife and little baby, eating them. He probably ate them when he arrived for the visit. He had been staying in the camp for a long time without leaving once. Then, while the men of the place he was visiting were out fishing, he began killing. When the men set out and were out of sight, he killed a woman named Angutialuguluk and her child, a little baby, a mere infant. Then he killed one of the two boys with her who were kneeling on the sleeping platform. The other boy ran out with nothing on except a foxskin parka. He was stabbed while in the vestibule [of the snowhouse]. He pretended to be dead although he wasn't. Then when Nauyavinaaluk went to visit another house, he ran away to the men who were out fishing. As the fishermen appeared far away there in the distance, the boy was running without pants or boots on, wearing only a parka.

nauyavinaaluk

Sculpture et histoire de Taivitialuk Alaasuaq E9-824 (NA-910; AR 1-9)

C'est feu Nauyavinaaluk : voilà ce qu'on raconte de lui : comme il était en route pour aller en visite chez l'un de ses parents, il tua sa propre femme et son petit enfant, et [les] mangea. Il [les] mangea, semble-t-il, lui qui était venu en visite. Il resta longtemps dans le camp sans repartir. Alors, comme les hommes de ceux chez qui il était en visite étaient partis à la pêche, il se mit à tuer [beaucoup de gens]. Quand les hommes furent partis et hors de vue, il tua une femme du nom d'Angutialuguluk et l'enfant qu'elle venait d'avoir, la mère et son bébé. Puis il tua l'un des deux garçons qui étaient avec elle accroupis sur la litière [de la maison de neige]. L'autre garçon s'enfuit alors vers l'extérieur, sans autre vêtement qu'un parka en peau de renard; mais il fut poignardé alors qu'il était encore dans le porche [de la maison de neige]; il n'était cependant pas mort et il feignit de l'être. Alors lorsque Nauyavinaaluk sortit pour aller en visite dans une autre [maison], il s'échappa et alla chez ceux qui

B. Another view of A.
(*Photo* Richard Garner)

B. Autre vue de A.
(*Photo* Richard Garner)

Then Nauyavinaaluk and Ningiuqvilaaq went off by themselves, just the two of them. And so they were alone for three winters and three summers. Then when it was spring, in June as they were looking for holes in the ice to try getting fish, the young girl Ningiuqvilaaq's big husband had a bad stomach-ache which pained him terribly inside. Because of the bad stomach-ache while fishing, he just fell over on the ice and died.

Ningiuqvilaaq had no more clothing than a small bearskin jacket and little foxskin pants which were very short. She was in this condition when her only companion died. Then she was alone all summer long but did not go hungry because it was summer and she had fish to eat. Then during the fall, while the ice was still thin, she was found far away towards the south by some people who were migrating. That's all for this story; I stop here.

NOTE: The boy who was stabbed but feigned death and escaped was Quananaq, E9-1441, born 1899, according to the government disc list. He died in the spring measles epidemic of 1963.

étaient à la pêche. Alors comme les pêcheurs étaient en vue là-bas au loin, le garçon fuyait, sans pantalon et même sans bottes, avec seulement un parka sur lui.

Nauyavinaaluk et Ningiuqvilaaq s'en allèrent tous deux, étant seulement deux. De fait, ils restèrent seuls tous les deux durant trois hivers et trois étés. Alors quand arriva le printemps au mois de juin, comme ils cherchaient des crevasses pour [y] prendre du poisson, le grand mari de la jeune fille Ningiuqvilaaq fut pris d'un grand mal de ventre, il eut de terribles douleurs internes. Comme il était pris d'un grand mal de ventre, alors qu'il était à la pêche, il mourut tout simplement et tomba sur la glace.

Celle-ci Ningiuqvilaaq n'avait plus d'autre vêtement qu'une petite veste en peau d'ours et une petite culotte, une très courte culotte en peau de renard. Elle était ainsi [vêtue] lorsque son compagnon mourut. Alors elle vécut seule durant tout l'été, mais elle n'eut pas faim car c'était l'été et elle se nourrissait de poissons. Puis durant l'automne quand la glace était encore mince elle fut aperçue là-bas par des gens qui émigraient vers le sud. Voilà, c'est tout pour cette histoire; je m'arrête ici, c'est fini.

NOTE : Le jeune garçon qui fut poignardé, mais qui fit le mort et s'enfuit, était Quananaq, E9-1441, né en 1899, d'après le registre matricule du gouvernement. Il mourut au cours de l'épidémie de rougeole qui sévit au printemps de 1963.

Plate 36
A. Ningluqvilaaq dragging the dead Nauya
(l. 22 cm; *Photo* Toby Rainey)

Planche 36
A. Ningluqvilaaq traînant le cadavre du Nauya
(l. 22 cm; *Photo* Toby Rainey)

30 ᓂᖏᐅᕕᓚᖅ

ningiuqvilaaq

*Carving and story by Taivitialuk Alaasuaq E9-824
(IV-B-1302; AR 8-44 read from syllabic script)*

I am telling the story like this [in two parts] because sometimes the words are too long. This has been a story for quite a long while. As some of it has already been told, I am going to tell just [the remaining] part of it. Since we have heard about Nauyavinaaluk, he has become one story. He will be told about the same as before because he was bad. Because he used to kill. He killed perhaps three, perhaps even four or five, because they could not get news of each other [and thus could not be warned of the danger], and Nauyavinaaluk did not want to talk. After his killings, Nauyavinaaluk and Ningiuqvilaaq started walking. They walked after the men who had gone out fishing, but from then on they no longer met anyone. Nauyavinaaluk took as his partner a girl who was the daughter of one of his murder victims, and the two of them started walking. No longer coming across any people because Nauyavinaaluk was feared, they were alone for three or even four years.

    Some migrants used to usually go southward from Povungnituk to Great Whale River. They started to travel, expecting to be on the move for the whole winter. As they went on, they passed through Saputiligak [about thirty miles south of Povungnituk]. When they saw a piece of wood standing up, they stopped. Unexpectedly it was a fish leister. Having stopped, the migrants went over. On the land was the windbreak of a snowhouse where it seemed that there wouldn't be anyone. Surprisingly, there was somebody under the snow. Three men went to investigate, certain that there was someone, for there were tracks.

    "Anybody in?"
    There's no reply.
    "Anybody in?"
    Still there's no reply.
    "Anybody in?"
    There's no reply.

ningiuqvilaaq

*Sculpture et histoire de Taivitialuk Alaasuaq E9-824
(IV-B-1302; AR 8-44, enregistrée d'une narration syllabique)*

Je raconte parfois l'histoire ainsi (en deux parties) car son récit est long, c'est une histoire que l'on met longtemps à raconter. Comme une partie a déjà été racontée, je ne vais vous raconter que la fin. Nauyavinaaluk, nous l'avons déjà entendu, a été l'objet d'une [première] histoire. Je m'en vais parler du même parce qu'il était méchant, parce qu'il avait pris l'habitude de tuer [les gens]. Il en tua peut-être trois, peut-être quatre ou même cinq, car ils n'avaient pas pu se prévenir les uns les autres [du danger] et que Nauyavinaaluk ne voulait pas [en] parler.

    Nauyavinaaluk et Ningiuqvilaaq se mirent tous deux à marcher après que Nauyavinaaluk eut commis ses meurtres. Ils marchèrent à la suite de ceux qui étaient partis à la pêche, [mais] tous deux ne furent plus rencontrés par quiconque, Nauyavinaaluk emmena avec lui une jeune fille, la fille d'une de ses victimes, qu'il prit pour compagne, et tous deux se mirent à marcher. Ils n'allèrent plus chez quiconque car Nauyavinaaluk était redouté, ils restèrent seuls, tous deux durant trois ou quatre ans.

    Des gens venant de Puvirnituq [Povungnituk] déménagèrent vers le sud, vers Kuujjuaq [Poste-de-la-Baleine]. Ils se mirent en route avec l'intention de voyager tout l'hiver. Ils passèrent durant leur voyage par Saputiligak et comme ils [y] virent un morceau de bois planté, ils s'arrêtèrent. Voilà que c'était une foëne. S'étant arrêtés ceux qui déménageaient [y] allèrent, il y avait sur le sol un paravent de neige qui ne semblait pas contenir le moindre habitant. Mais voilà qu'il y avait quelqu'un sous la neige. Comme ils arrivaient, trois hommes [y] allèrent et se rendirent compte qu'il y avait quelqu'un car il y avait des traces de pas.

    «Y a-t-il quelqu'un?»
    Aucun son de voix.
    «Y a-t-il quelqu'un?»
    De nouveau aucun son de voix.

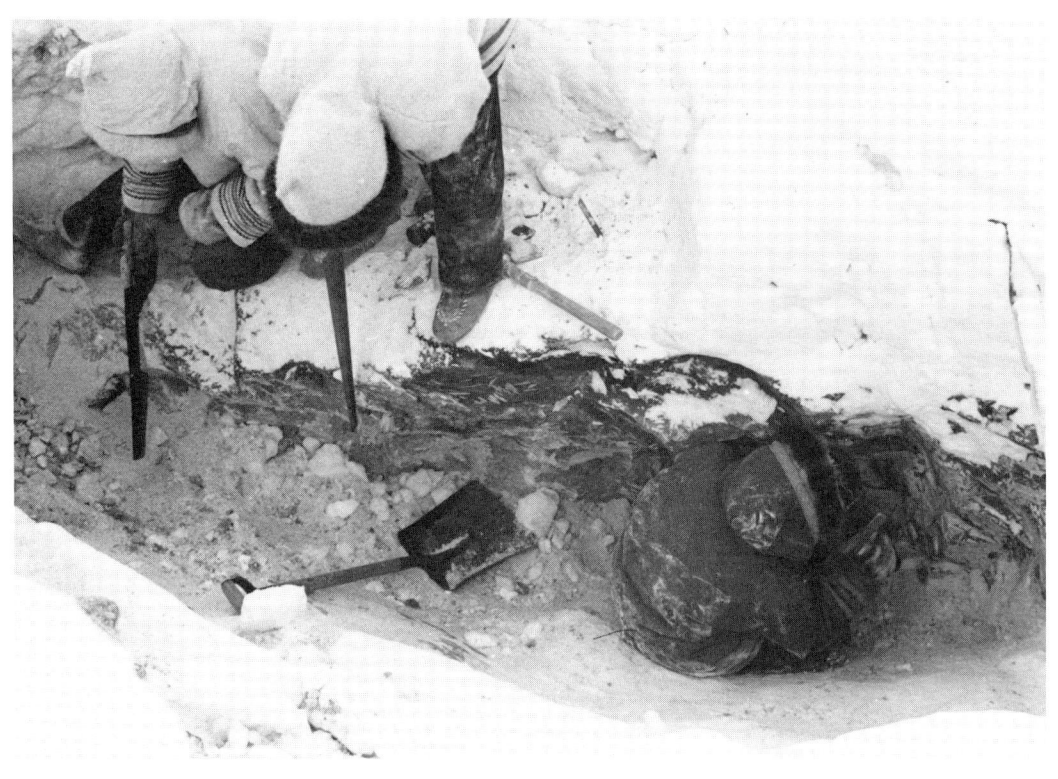

B. Inuit mining soapstone   **B. Inuit minant de la stéatite**

"Anybody in?"
There's a faint answer 'yes.'
"Anybody in?"
There's an answer 'yes.'
"Are you alone?"
There's a faint answer 'yes.'
"Are you telling the truth?"
"I am alone."
"Are you alone?"
There's an answer 'yes.'
"Are you alone? Are you really alone?"
There's an answer 'yes.'
"Why are you alone?"
"Because my partner has died."
"Are you telling the truth?"
"I am telling the truth."
"How did your partner die?"
"Of a stomach-ache."
"When did he die?"
"This spring when we were fishing. In the spring when we were looking for open cracks in the ice for fishing, my partner had a stomach-ache and just keeled over."
"Are you telling the truth? Who are you?"
"I am Ningiuqvilaaq."
"Are you a man?"
"I am a woman."
"Are you telling the truth? Are you a man? Are you a woman?"
"I am a woman."
"Are you telling the truth? Come on out! You aren't going to stay here anymore! Come on out!"
"But I don't have any clothes. I can't come out."
"Come on out! You will get dressed."

When she came out, her worn parka was old bear-skin. She came out with her stomach showing; her stomach was out in view. She had pants of foxskin. She was thirteen years old, just a youngster. All that long while she had lived in constant fear. Afterwards, she went with others than those who had found her to the Belcher Islands. Returning home to the Belchers as a girl still, she made people kill each other again, for she was rather good-looking. That's the way the story of Ningiuqvilaaq goes. That's all; I stop.

NOTE: The carving shows a rather large Ningiuqvilaaq dragging the dead murderer along by the ears because his parka came off when she pulled on it at first. The storyteller said that Nauyavinaaluk's bones are at Saputiligak, together with others bleaching on the land there.

«Y a-t-il quelqu'un?»
De nouveau aucun son de voix.
«Y a-t-il quelqu'un?»
Il semble que l'on entendît un faible acquiescement.
«Dis-tu vrai?»
«Je suis seul».
«Es-tu seul?»
On acquiesça.
«Es-tu seul, es-tu vraiment seul?»
On acquiesça.
«Pourquoi es-tu seul?»
«Parce que mon compagnon est mort».
«Dis-tu vrai?»
«Je dis vrai».
«Comment est-il mort?»
«D'un mal de ventre».
«Quand est-il mort?»
«Ce printemps, alors que nous pêchions, au printemps, alors qu'il cherchait des crevasses, quand nous étions à la pêche, il eut mal au ventre et il est tombé».
«Dis-tu vrai? Qui es-tu?»
«Je suis Ningiuqvilaaq!»
«Es-tu un homme?»
«Je suis une femme».
«Dis-tu vrai? Es-tu un homme? Es-tu une femme?»
«Je suis une femme».
«Dis-tu vrai? Sors! Tu ne demeureras plus ici, sors!»
«Mais je n'ai pas de vêtements, je ne peux pas sortir!»
«Sors, tu recevras des vêtements!»

Comme elle sortait avec les restes de son vêtement fait en peau d'ours blanc, on voyait son ventre, elle sortit le ventre à nu. Elle portait une culotte en peau de renard. C'était quelqu'un de très jeune, elle avait treize ans. Elle avait survécu ainsi pendant longtemps, pensant tout le temps qu'elle allait mourir.

Alors elle alla aux îles [Belcher] chez d'autres gens que ceux qui l'avaient [ainsi] découverte. Elle retourna aux îles [Belcher], étant encore la fille [de quelqu'un] et fut [encore] la cause d'autres meurtres car elle était une belle fille. C'est l'histoire, l'histoire de Ningiuqvilaaq. C'est tout, j'ai fini.

NOTE : Cette sculpture montre une Ningiuqvilaaq passablement grosse traînant le cadavre du meurtrier par les oreilles, parce que le parka de ce dernier s'est enlevé lorsqu'elle tira dessus tout d'abord. Le narrateur a rapporté que les ossements de Nauyavinaaluk et d'autres aussi sont à blanchir sur le sol à Saputiligak.

Plate 37
Puungittuq killing Quviqsalualuk
(l. 27.5 cm; *Photo* Richard Garner)

Planche 37
Puungittuq tuant Quviqsalualuk
(l. 27.5 cm; *Photo* Richard Garner)

31 ᐴᖏᑦᑐᐊᓗᓪᓗ ᖁᕕᖅᓱᐊᓗᓪᓗ ᐊᓕᑲᒻᒥᓗ

puungittuq, quviqsalualuk and alikammiq

Carving and story by Taivitialuk Alaasuaq E9-824 (IV-B-1308; AR 1-5)

This story goes as follows:

    Three tents were pitched together; two were those of Quviqsalualuk and Puungittuq. This Puungittuq wanted his father killed, not having slept for a long time. And so Alikammiq tried to get Quviqsalualuk with a gun. Quviqsalualuk was always sitting in another tent [off by himself], for he was very dangerous [feared by the others and fearful of others himself]. He wanted Alikammiq's wife and wanted to kill Alikammiq. Alikammiq was told to shoot Quviqsalualuk, being advised so by Puungittuq. Puungittuq wanted to have his father killed because he was very dangerous. And so Alikammiq was going over and trying to shoot him. But the gun, a flintlock full of little balls, didn't fire at all. When Quviqsalualuk heard it [misfiring], he raced after Alikammiq. Alikammiq fled to his tent. Then inside the tent they fought furiously. Puungittuq killed his father inside the tent. So the story goes; that's all.

NOTE: It was added later that in the fight in the tent Puungittuq being armed with a bow was looking for an opening to shoot. He shot his father in the hand and then stabbed him with a knife. Dangerous individuals were sometimes removed in this direct manner in the absence of special law enforcement organizations among the Inuit. The Alikammiq of this story, it was noted, is not the same person as the one of story 23 or 24.

puungittuq, quviqsalualuk et alikammiq

Sculpture et histoire de Taivitialuk Alaasuaq E9-824 (IV-B-1308; AR 1-5)

Voici le sens de cette histoire : il y avait trois tentes dressées côte à côte; deux [d'entre elles] étaient la tente de Quviqsalualuk et la tente de Puungittuq. Voici ce que l'on raconte d'eux : celui-ci, Puungittuq qui ne dormait plus depuis longtemps, voulait tuer son propre père. De fait Alikammiq cherchait à tuer Quviqsalualuk à coup de fusil. Quviqsalualuk passait son temps assis à l'intérieur d'une autre tente car il était très craint. Il voulait prendre en effet la femme d'Alikammiq et il voulait tuer Alikammiq.

    Alikammiq fut incité à tuer à coups de fusil Quviqsalualuk, il fut incité par Puungittuq. Puungittuq voulait que son propre père fût tué car il était devenu très dangereux. De fait Alikammiq essaya par surprise de lui tirer un coup de fusil. Mais le fusil fit long feu, il fit long feu car c'était un fusil dont la charge se mettait par le canon. Lorsque Quviqsalualuk entendit [le bruit du long feu], il se mit à courir après Alikammiq. Alikammiq s'enfuit vers une tente. Alors ils se battirent furieusement à l'intérieur de la tente. Puungittuq tua son père à l'intérieur de la tente. C'est ainsi que s'est passée l'histoire. C'est tout j'ai fini.

NOTE : On ajouta plus tard que, au cours de la bataille qui s'est déroulée dans la tente, Puungittuq était armé d'un arc et attendait l'occasion de tirer. Il blessa son père à la main, puis le tua d'un coup de couteau. Les personnes dangereuses se faisaient parfois assassiner de cette façon directe, à défaut d'organisations chargées particulièrement d'appliquer la loi. Quant au personnage de cette histoire, désigné sous le nom d'Alikammiq, on fait remarquer qu'il n'est pas le même que celui des histoires 23 et 24.

Plate 38
The abandoned woman and her son
(IV-B-1297, h. 29 cm; *Photo* Richard Garner)

Planche 38
La femme abandonnée et son fils
(IV-B-1297, h. 29 cm; *Photo* Richard Garner)

32 ᐊᐅᒋᑦᓯᓯᐊᖅ

augitsisiaq

*Carvings and story by Saali Arngnaituq E9-1460
(IV-B-1297,-1296,-1295; AR 3-16)*

And then there is the story of an ordinary woman. This woman had a man who wasn't her husband, thinking that he was bad too [as well as herself and similarly inclined]. She then had a child which had no father. When she had the child, she was forsaken and abandoned by the people. Being forsaken, in the summer they [the woman and her child] were moved to an island, a small one with a lake, because she had a fatherless child. Sometimes people are born without a father; they were like that. They were moved to an island, not part of the mainland, but a real island out at sea. Far away on the island the woman lived alone with the child, her only companion. Sometimes they were visited by two kayaks. The men stopped by to kill them, but though murder was being attempted on them, it always failed.

    Seal carcasses sometimes drift ashore. They lived on such drift seals. Since she was staying on the island with only the child for company, the people wondered what she was living on. She used to be asked what they lived on, but she would simply say that they lived on food. She did not have her food showing; she used to bury it in another part of the house. Although the people tried to starve them, they

augitsisiaq

*Sculptures et histoire de Saali Arngnaituq E9-1460
(IV-B-1297,-1296,-1295; AR 3-16)*

Et voici encore l'histoire d'une femme [inuk]; c'était une femme, cette femme avait un homme qui n'était pas son mari; elle pensait qu'il était mauvais. Alors elle eut un enfant qui semblait ne pas avoir de père; alors lorsqu'elle eut cet enfant elle fut abandonnée par les Inuit.

    Comme elle était abandonnée et que c'était l'été, elle se rendit avec lui sur une île, une petite île avec un lac, parce qu'elle avait un enfant qui semblait ne pas avoir de père. Il arrivait de la sorte que des gens naissent qui semblaient ne pas avoir de père. Comme elle était abandonnée, elle se rendit sur une île, non sur le continent, mais sur une île véritable dans la mer. Là-bas, au loin, sur l'île, elle vécut seule avec comme unique compagnon son enfant. Ils recevaient parfois la visite de deux kayaks; [les hommes] s'arrêtaient là pour les tuer, mais bien qu'ils vinssent dans le but de les tuer, ils ne parvinrent pas à les tuer.

    Comme des phoques morts venaient parfois s'échouer sur le rivage, ils arrivèrent à survivre grâce à ces [phoques] échoués, tout en habitant l'île. Comme elle avait pour seul compagnon son petit enfant, on s'étonnait de ce qu'elle put survivre ainsi. Comme on

Plate 39
A. The boy under a kayak
(IV-B-1296, l. 36 cm; *Photo* Richard Garner)

Planche 39
A. Le garçon sous un kayak
(IV-B-1296, l. 36 cm; *Photo* Richard Garner)

could not starve because they lived on the drift seals. They were outcast because she had made herself have a child in the way she did. Living on an island with a small lake, she thought of teaching her son to swim. While he was a beginner, she taught him to swim using a piece of wood used for scraping skins on. As she went on teaching him, he became able to dive well. By summer he could, long and well. Also he was growing and got bigger as he learned how to swim.

    When he could dive as long as the polar bear and as fast as the sea pigeon, she tried out his diving in the sea. He used to swim well in the sea. The two men in the kayaks would visit from time to time, wanting to kill them. Wanting to kill the little fellow only when his blood matured [the belief being that the blood changes with age], the two friends thought that they would kill Augitsisiaq when he grew up. Thinking in this fashion, the two kayakers came repeatedly. When the boy was well practised in the sea and the kayaks came again, the mother let him go to meet them. He went to meet them while they were still far off. As she was clever, the woman told him, "Go over with just your nose out. Go over with just your nose showing." And so he did so. "Take breath without your head showing, with only your nose out," she instructed. So then he swam over with just his nose showing. He stabbed one of the kayaks from down below. Being holed, the man did not know what had

lui demandait de quoi elle survivait, elle répondit de viande. Elle ne mettait pas en vue la viande, mais l'enfouissait ailleurs que dans son habitation. Bien qu'on cherchât à la faire mourir de faim, elle ne pouvait pas mourir de faim car elle vivait de viande de phoque, de gibiers échoués. Elle était ainsi abandonnée car elle avait eu un enfant de la façon qu'on a dit.

    Comme ils vivaient sur l'île près du petit lac, elle pensa lui apprendre à nager; de fait comme il commençait à apprendre à nager, elle lui enseigna à nager avec l'aide de sa propre planche à gratter les peaux, à l'aide d'une planche de bois. Comme elle lui apprenait à nager il devint capable de bien nager. À la fin de l'été, il devint capable de plonger et comme elle le faisait plonger de plus en plus longtemps, il se mit à grandir. Il grandit donc parce qu'elle le faisait nager; quand il put plonger aussi longtemps qu'un ours blanc et aussi vite qu'un pigeon de mer, elle essaya de le faire plonger dans la mer; il se mit [donc] à nager dans la mer.

    Quant à ces kayaks, les deux kayaks, les deux hommes qui venaient de temps à autre dans le but de les tuer, ils voulaient tuer ce petit Inuk Augitsisiaq lorsque son sang serait devenu adulte, ils voulaient le tuer dès qu'il aurait grandi. C'est avec ces intentions que les deux kayaks venaient de temps à autre dans le but de tuer. Celui-ci lorsqu'il se fut bien exercé dans la mer, sa mère l'incita à s'éloigner du bord et à aller à leur rencontre; sa mère l'envoya à leur rencontre alors

B. Capsizing a kayak
(IV-B-1295, l. 39.5 cm; *Photo* Richard Garner)

B. Garçon faisant chavirer un kayak
(IV-B-1295, l. 39.5 cm; *Photo* Richard Garner)

caused it. Thus sank one of the kayaks, the man drowning with it. And when one sank, the other became suspicious. He pulled his harpoon out and aimed, but with nothing to aim at, however, since the boy was right under the kayak. He capsized the second kayak. He didn't keep the kayak he holed; just the one that was overturned and wasn't cut.

With both of the men drowned, the boy kept one of the kayaks. They had to die because they were in open water with the land out of reach as the boy had planned. He swam to where the land was out of reach, having planned it with his mother. They were able to kill the bad men because the woman taught the boy to swim. They kept one of the kayaks as a means of moving to the mainland, and when the boy became a full-grown man, they moved to the land. So that is the story of the forsaken ones. That's all.

qu'ils étaient encore au loin, il fut envoyé à [leur] rencontre; comme elle était intelligente : «Dirige-toi par là-bas en ne laissant dépasser que ton nez; vas-y en ne montrant que ton nez», dit-elle. De fait il fit ainsi. - «Reprends ton souffle sans sortir la tête que seul ton nez sorte [de l'eau]», dit-elle. Effectivement, il partit en ne laissant [de l'eau] que son nez; par en dessous il perça à coup de couteau l'un des kayaks, il le transperça sans que [l'occupant] ne puisse savoir comment. Ainsi l'un des kayaks coula entraînant son occupant dans la mort. Mais l'autre, lorsque son compagnon coula, l'autre devint méfiant; il tira son harpon avec la lanière qui était enroulée et le brandit, mais faisant ainsi, il n'avait rien [à harponner] car [le jeune garçon] était juste en dessous [du kayak]. Il retourna le second; puis il abandonna le kayak qu'il avait transpercé, il conserva celui qui n'avait pas été transpercé mais qu'il avait retourné.

Ainsi ces deux hommes moururent noyés dans la mer, [le jeune garçon] lui, conserva l'un des kayaks. Ils moururent tous les deux car ils étaient en pleine mer, incapables de rejoindre la terre, car il avait fait en sorte que cela se passe ainsi. Alors celui-ci nagea vers la terre, où les autres avaient été incapables de se rendre, vers l'endroit où [aucun d'eux] n'avait pu parvenir. C'est ainsi qu'agirent la mère et son fils, qu'ils parvinrent à tuer ceux qui [leur] voulaient du mal, grâce au fait qu'elle apprit à nager [à son fils]. Alors il garda l'un des kayaks qui lui servit à partir vers le continent; lorsqu'il fut parvenu à l'âge adulte, il partit [ainsi] vers le continent. Voilà l'histoire de ceux-ci qui furent abandonnés par les leurs. C'est ainsi.

Plate 40
Ayurayaq with a big lake trout
(*Photo* Asen Balikci)

Planche 40
Ayurayaq et la grosse truite de lac
(*Photo* Asen Balikci)

33 ᐊᔪᕋᔭᒃ

ayurayaq

*Carving and story by Saali Arngnaituq E9-1460
(AR 8-37 reading of syllabic text)*

Again I have a story - about a real man. This individual, since he was trying to live by fishing, went out to fish. He had a thong of bearded seal because he was expecting a great big lake trout. Because he was going after a big lake trout, his line was of thong so that it would not break when he braced hard against it. It had to be braced against because it was a big trout, a huge one. He pulled it out. When he got the food, he started home, dragging half of it. The man was Ayurayaq, a real man, our grandfather, Qumaq's older brother. That's his story, that he got a huge fish. Those, then, are the words of it. Because he was expecting a big lake trout, the man in the story used to chop out big holes in the ice - so big that he himself could fit into them without any trouble. He dug enormous holes. That's all.

NOTE: Saali added that later on Ayurayaq was fishing from a kayak and drowned. Taivitialuk said that the shank of the caribou was formerly used for the big lake trout and a barb was provided by breaking the fibula.

ayurayaq

*Sculpture et histoire de Saali Arngnaituq E9-1460
(AR 8-37, enregistrée d'une narration syllabique)*

Je vais encore raconter une histoire. C'était un homme accompli; celui-ci, qui s'efforçait de vivre de poissons, partit à la pêche. Il avait avec lui comme ligne une lanière en peau de phoque barbu, car il pensait qu'il attraperait une grosse truite grise [de lac]. Comme il pêchait la truite grise [de lac], il avait comme ligne une vraie lanière qui ne pourrait se rompre quand il tirerait dessus. Il y avait lieu en effet de tirer très fort dessus car c'était une truite grise [de lac] de grande taille. Il la tira [de l'eau]. Comme il avait de quoi manger il rentra chez lui, traînant la moitié [du poisson].

Cet homme était feu Ayurayaq un homme accompli, feu notre grand-père, le frère aîné de Qumaq. Voilà le récit de la façon dont il attrapa un énorme poisson, voilà ce qu'on peut en dire. Cet homme, celui de l'histoire, avait creusé [dans la glace] un trou [si grand] qu'il aurait pu passer lui-même à travers, car il pensait attraper une truite grise [de lac]; il creusa un très grand trou. C'est tout.

NOTE : Saali a ajouté que, plus tard, Ayurayaq mourut pendant qu'il faisait la pêche en kayak. Taivitialuk a raconté que le tibia d'un caribou servait d'appât pour la pêche de la grosse truite de lac, le péroné brisé servant de barbillon.

Plate 41
Malakak with his middle finger snapped off
(h. 17 cm; *Photo* Toby Rainey)

Planche 41
Malakak amputé de son majeur
(h. 17 cm; *Photo* Toby Rainey)

34 ᒪᓚᒃ

malakak

Carving by Aisa Qumaaluk E9-1466; story by Saali Arngnaituq E9-1460 (IV-B-1301; AR 8-37 reading of syllabic text)

This one is still working on something he will not get. With his middle finger still not broken off, he is putting forth great effort bracing hard against a line [after harpooning a large sea mammal, perhaps a bearded seal]. Only by great effort will he get anywhere. Braced hard against what will get away, he thinks he is getting it, but he isn't. He will work at it until his middle finger breaks off. He still has his mitt on, but it will come off. And when it's off, the finger will be snapped off for sure. Even with it broken off, he will keep on trying. Still his middle finger will be broken off for sure. Poor Malakak!

    Although one of his fingers is broken off, he is still working. Only he will have to do without his middle finger because it has fallen off now. It was snapped off as he pulled against the line. He is still working because he is in need, but he will lose it [the catch]. Contrary to his expectations he loses it, having gotten injured as well. He tries biting the line between his teeth too, but he is forced to let go and loses much. And with his finger broken off like that, he is really in bad shape, worse luck. Because he is hurt, he loses the catch. If he wasn't hurt, he would not have lost it. But he did lose it, and his mitt as well.

NOTE: The text is quite repetitive. A couple of lines after "Poor Malakak!", and an additional 'paragraph' at the end, comprising about a third of the text, have been omitted.

malakak

Sculpture d'Aisa Qumaaluk E9-1466; histoire de Saali Arngnaituq E9-1460, (IV-B-1301, AR 8-37, enregistrée d'une narration syllabique)

Celui-ci est encore en train d'essayer d'attraper quelque chose qui lui échappera. Son médius n'ayant pas encore été arraché, il fait de grands efforts pour tirer [la lanière du harpon]; il n'y arriverait qu'en faisant de grands efforts; il pensait attraper [sa proie], et tirait fort sur le gibier qui allait lui échapper et qu'il n'attraperait pas. Il s'efforça ainsi jusqu'à ce que son médius fut sectionné. Il a encore sa moufle, sa moufle qui va être arrachée; dès qu'elle sera arrachée, il est certain que [son doigt] va être sectionné; une fois [son médius] arraché, il continuera à tirer. Le médius n'est pas encore sectionné, mais il ne va pas tarder à l'être.

    Pauvre Malakak, même après qu'un de ses doigts fut sectionné, il continua à tirer. Il pensait devoir faire ainsi pour y arriver, son médius était tombé, il avait été sectionné alors qu'il tirait [sur la lanière]. Il continua encore [à tirer], voulant obtenir [son gibier], pourtant il va perdre son gibier, et voilà qu'il va perdre son gibier et qu'en même temps il va être amputé; il commence à perdre son gibier. Alors bien qu'il s'efforce de tirer sur la lanière en s'aidant avec les dents, elle lui file entre les mains, et [son gibier] lui échappe pour de bon. Son médius ayant été vraiment arraché, le voilà amputé, on n'y pouvait rien. Il perdit [son gibier] parce qu'il souffrait beaucoup. S'il n'avait pas souffert, il n'aurait pas perdu [son gibier]. Il perdit son gibier et aussi sa moufle.

NOTE : Le texte contient un bon nombre de répétitions. On a omis deux lignes après «Pauvre Malakak» ainsi qu'un «paragraphe» supplémentaire à la fin, ce qui représente environ le tiers du texte.

Plate 42
Ayagutak
(h. 10 cm)

Planche 42
Ayagutak
(h. 10 cm)

35 ᐊᔪᒐᒃ

ayagutak

Carving and story by Aisa Tulugaq E9-853 (AR 6-26)

I remember as follows: I had an uncle, my mother's cousin, called Ayagutak. When I first saw him, I wondered how he drank, for he looked strange. He was an old man, my mother's cousin, my uncle. My mother told me the story about her cousin like this:

He was born while his father was away hunting. He looked strange; his mother wasn't sure he could nurse. Then, when his father arrived, he said, "If he can't breastfeed, he will die. But let him be tried out to see whether he can breastfeed." So said his father. Part of his upper lip was split open, with the bone showing. That was the way he was, so it was not so strange. But when you first saw him, you used to wonder how he could drink. He did not have any trouble drinking because he got used to it even though his upper lip had a complete gap. That was the way my uncle was. He lived until he was an old man. When he smoked, the corners of his upper lip were very beautiful to look at indeed. These two pretty points of his upper lip had very good muscles. When they smoked, it was only with a pipe, and when he was smoking, you would want to watch him all the time. You could see these muscles in his dear upper lip and the nice flesh at the edges. This didn't seem strange, for some people are born handicapped. When people saw him, they just used to wonder how he managed. That is as much as I remember of my uncle. He used to look after me, and I'm thankful about that. Still using my same old neckpiece, I am still just myself.

NOTE: The phrase manuga manugiinnaasugu at the end is an expression recollecting former times and a poor worn front neckpiece, the manu, on jackets. The part is still the same, poor and worn, though today the material is changed from skin to cloth for the old storyteller, Zebedee's grandfather. Things have not changed; he is still poor and humble.

ayagutak

Sculpture et histoire d'Aisa Tulugaq E9-853 (AR 6-26)

Je me souviens aussi de cela : j'avais un oncle maternel, un cousin de ma mère nommé Ayagutak. Quand on le voyait pour la première fois, on se demandait comment il pouvait boire, car il avait quelque chose d'étrange quand on le voyait pour la première fois. C'était un homme âgé, c'était un vieillard mon oncle maternel, le cousin de ma mère. Voici ce que ma mère racontait au sujet de son cousin : il naquit alors que son père était parti à la chasse; il était anormal et sa mère n'était pas certaine qu'il puisse téter. Alors, lorsque son père fut de retour, ma mère racontait que lorsque son père [de l'enfant] fut de retour, il dit ainsi : «S'il ne peut pas téter, il mourra; qu'on essaye donc de le faire téter». C'est ainsi que parla son père.

Il avait la lèvre supérieure fendue et aussi une fissure palatine. Il était fait ainsi et ne semblait pas tellement anormal; seulement, la première fois qu'on le voyait, on se demandait comment il pouvait faire pour boire. Il n'avait cependant pas de mal à boire, car il s'y était habitué en dépit de ce que sa lèvre supérieure eut une grande fente. C'est ainsi qu'était mon oncle maternel; il vécut jusqu'à un âge avancé. Quand il fumait, les bords de la fente de sa lèvre supérieure étaient très agréables à regarder, ces bords de la fente de sa lèvre supérieure, les deux bords avaient de très bons muscles. On ne fumait alors que la pipe, et quand il fumait, on avait vraiment envie chaque fois de le regarder. On pouvait voir ces deux muscles sur les deux bords de la fente de sa lèvre supérieure, les petites parties charnues de part et d'autre de la fente. Ce n'était cependant pas une chose surprenante car il est habituel que certains Inuit aient ainsi des malformations; mais quand on le regardait on se demandait comment il pouvait faire.

Voilà donc les souvenirs que j'ai bien conservés à la mémoire, au sujet de mon oncle maternel défunt. Il s'occupait beaucoup de moi et je [lui] en ai gardé de la reconnaissance. Comme j'utilise toujours le même col de fourrure [sous le menton], je me retrouve comme autrefois.

NOTE : L'expression manuga manugiinnaasugu à la fin, rappelle le passé et un médiocre collet usé, le manu, qui se portait sur la veste. Cet article de vêtement est toujours le même, médiocre et usé, pour le vieux raconteur, grand-père de Zebedee Nungak qui a fait la transcription, même si, de nos jours, le tissu a remplacé les peaux dans la confection du vêtement. Les choses n'ont pas changé : cet homme est toujours pauvre et humble.

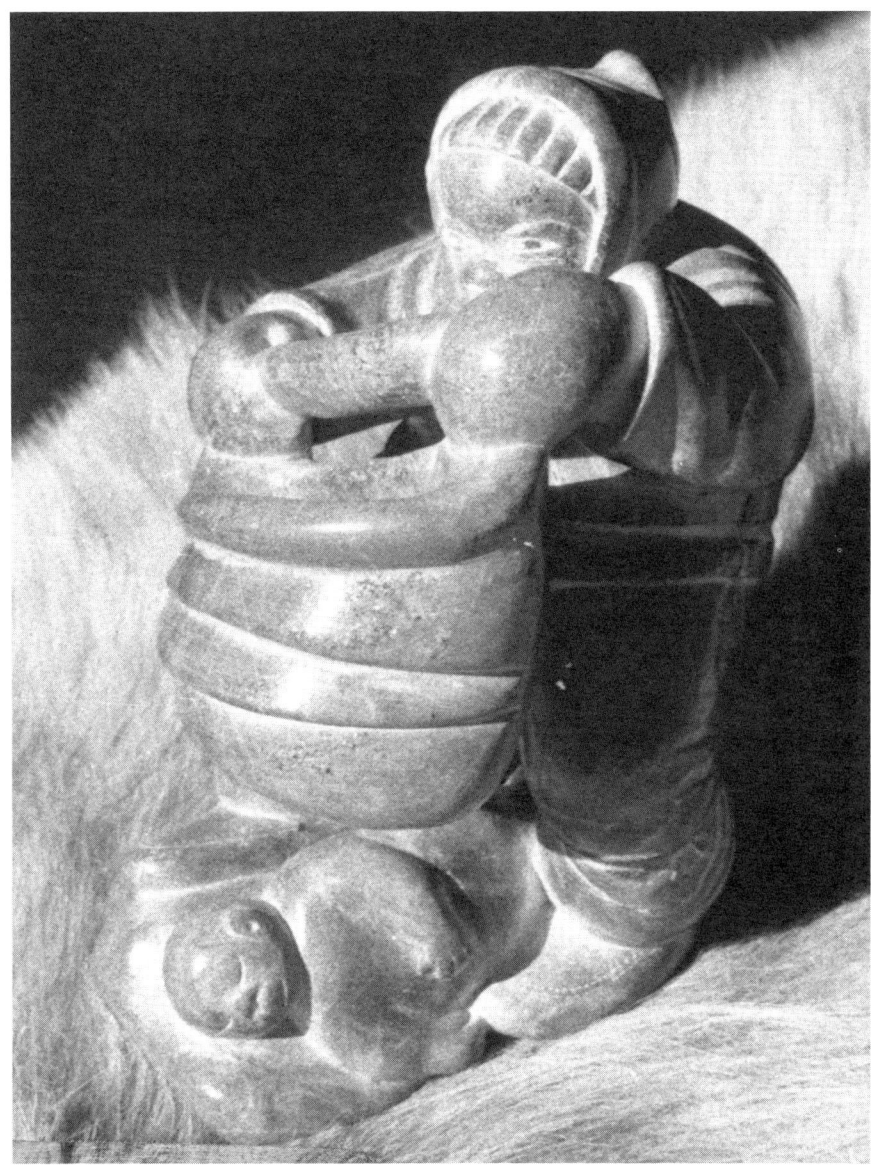

Plate 43

Uumayualuk being found by Amarualik

(*Photo* Asen Balikci)

Planche 43

Uumayualuk retrouvé par Amarualik

(*Photo* Asen Balikci)

how uumayualuk was saved by amarualik

Carving and story by Liivai Qumaaluk E9-843 (AR 9-48; first part read from syllabic text)

A baby, Uumayualuk, my grandfather, was saved by Amarualik, the father of Putuguq. When he was born, his mother abandoned him. I have carved this because I am grateful; if no one had cared, we would not be alive today.

    Though this is old, I am grateful about it and have made it into a story myself. Putuguq's father told of saving a life. He was very old when I saw him, but it was as a small boy that he saved the life of someone who was not going to be cared for, who was left behind while they were hunting caribou inland. He told my mother the true story. When the mother [of Uumayualuk] was trying to fall behind the rest, he just trailed along farther back to remain behind her. He went to the spot where she stopped while walking, right next to a rock. To his surprise he saw a baby who was left behind. If he had not put it on his back and taken it to his sister's, we ourselves would not be alive. We would not be living if he had not trailed behind.

uumayualuk qui dut la vie à amarualik

Sculpture et histoire de Liivai Qumaaluk E9-843 (AR 9-48, la première partie enregistrée d'une narration syllabique)

Un bébé, Uumayualuk, mon grand-père, dut de rester en vie à Amarualik, le père défunt de Putuguq. Il fut abandonné par sa mère, à la naissance. J'ai fait cette sculpture par reconnaissance pour lui, car si on ne lui avait pas sauvé la vie nous n'aurions pas pu voir le jour.

    Bien que celui-ci ait vécu il y a très longtemps, j'ai composé cette histoire par reconnaissance pour lui. Celui-ci, qui l'a sauvé, le père de Putuguq, a raconté l'histoire. Je l'ai vu alors qu'il était âgé, car il était tout jeune homme lorsqu'il sauva celui qui avait été laissé sans soins, abandonné pendant qu'on était parti à la chasse au caribou à l'intérieur des terres. Ainsi il raconta la véritable histoire à ma mère. Comme celle-ci, la mère [de Uumayualuk], dit-on, s'efforçait de suivre, il suivait en marchant, un peu en arrière d'elle. De fait, dit-on, comme il marchait, il passa par un endroit où elle s'était arrêtée, près d'un gros rocher. De fait, dit-on, il vit un nouveau-né qui avait été abandonné. Parce qu'il le prit sur son dos et alla le confier à la famille de sa sœur, nous avons vu le jour. Nous n'aurions pas vu le jour [s'il n'avait pas agi ainsi], car nous sommes ses descendants.

Plate 44
Sanikilluaq seeing wolves
(h. 19.5 cm; *Photo* Richard Garner)

Planche 44
Sanikilluaq apercevant des loups
(h. 19.5 cm; *Photo* Richard Garner)

37 ᓴᓂᴸᓗᐊᒃ

sanikilluaq

Carving and story by Gaimisi Qimagailaaq E9-348 (IV-B-1303; syllabic text)

On the Belcher Islands, Sanikilluaq was jigging for some tomcods when he was come upon by wolves. He thought, "I am going to get warmed up with those," when he saw the wolves. As he began to pick them out more clearly, he saw four. And so when they came up, he started running away. As he was running away he saw two in front of him. As they were about to come together at this point, Sanikilluaq simply stopped dead in confusion, unable to look to right or left. At night, it is said, he finished them off with a gun.

sanikilluaq

Sculpture et histoire de Gaimisi Qimagailaaq E9-348 (IV-B-1303; texte syllabique)

On raconte que sur les îles Belcher, celui-ci, Sanikilluaq, pêchait des morues de roche lorsqu'il fut surpris par des loups. Il pensa ainsi, dit-on : «Je vais me réchauffer à leur contact», quand il vit les loups. Mais comme il les voyait maintenant plus distinctement, il en distingua quatre. De fait, comme ils arrivaient, il s'enfuit. Comme il s'enfuyait, dit-on, il en vit de nouveau deux devant lui. Comme ils allaient se rencontrer là, Sanikilluaq s'arrêta mort de peur, incapable de regarder sur le côté. Durant la nuit, dit-on, il les tua tous à coups de fusil.

Plate 45
Niliqtuaruq
(*Photo* Asen Balikci)

Planche 45
Niliqtuaruq
(*Photo* Asen Balikci)

38 ᓂᓕᖅᑐᐊᕈᖅ

niliqtuaruq

Carving by Liivai Alaasuaq E9-1326; story by Yuanasi Qinnuayuaq E9-844 (BA 18-2)

In winter the caches of caribou meat are iced up by water and really hard to get out. Niliqtuaruq found one that could not be taken out for the ice from the water. Having found it, Niliqtuaruq farted and blasted out the cache, the caribou meat. Being farted upon by Niliqtuaruq, it stank terribly. Nobody could eat it because it stank like shit. That's all.

NOTE: This earthy anecdote is widely known. Rasmussen gives a Netsilik version (1931: 448).

niliqtuaruq

Sculpture de Liivai Alaasuaq E9-1326; histoire de Yuanasi Qinnuayuaq E9-844 (BA 18-2)

Durant l'hiver, les caches en pierres contenant de la viande de caribou sont solidement glacées à cause de l'eau [d'infiltration] et on ne peut vraiment pas en enlever le contenu.

Niliqtuaruq aperçut [des caches] dont on ne pouvait enlever le contenu, à cause de l'eau, à cause de la glace. Comme il en avait vu Niliqtuaruq péta sur la cache en pierres contenant de la viande de caribou et fit sauter la viande, les morceaux de caribou.

Comme elle avait subi les gaz de Niliqtuaruq, elle était très mauvaise, on ne pouvait la manger parce qu'elle avait un goût d'excrément, parce qu'elle était mauvaise. C'est tout.

NOTE : Cette grossière anecdote est très bien connue. Rasmussen en donne une version netsilik (1931 : 448).

Plate 46
The man with a broken leg reaching the cache
(*Photo* Asen Balikci)

Planche 46
L'homme à la jambe fracturée atteignant la cache
(*Photo* Asen Balikci)

39 ᑭᓄᐊᓇᑕᐅᐅᑐᐊᓂᑦ ᓂᐅᑦᒪ ᐊᐱᓚᓂᒡᒍ

the man with a broken leg who was left behind

Carving and story by Liivai Qumaaluk E9-843 (AR 9-53)

When a man broke his leg while hunting, his partner wrapped it up with hides and carried him on his back. The man was told, "You are going to be taken home." But he was being lied to. He agreed and was carried on the back, all rolled up in a skin because of the break. Then near a meat cache that he knew about, he was told, "We're going to rest," by his carrier. And he was left behind, still all wrapped up for carrying. By gripping part of the hide [after unwrapping it from about himself] in his teeth, he was able to slide along on it, using it like a sled, and in this way got to the cache that he knew about. He tried to get to the cache of caribou meat because he was hungry and thought he was not going to live.

    All winter and all summer long he did not drag himself away from the cache, staying there by himself. Then, while believed to be dead, he was come upon by people who were looking for food. He was thought to be dead long since because he had been left all wrapped up. He was found by the one who had abandoned him. That man had thought he was dead and was shocked to find him alive. No wonder he thought he was dead after leaving him behind all wrapped and tied up for carrying on the back. No wonder he was surprised to see a small snowhouse there beside the cache. He asked if there was anyone in and heard a voice which he recognized as that of the one whom he had considered dead. The man had preserved his life because of what he did. Here [referring to the carving] he has come on the hide.

l'homme qui fut abandonné après s'être cassé la jambe

Sculpture et histoire de Liivai Qumaaluk E9-843 (AR 9-53)

On dit que celui-ci [étant] dans son iglou, alors que [avec son compagnon] ils dormaient dans son iglou de voyage, fut tout simplement enveloppé avec des peaux de caribou, parce qu'il s'était cassé [la jambe], parce qu'elle était cassée, il fut porté sur le dos par son partenaire. «Je vais te ramener chez toi», se fit-il dire; mais on lui mentait, dit-on. De fait, il acquiesça et fut porté sur le dos enroulé dans une peau de caribou parce qu'il avait un membre brisé. Alors, dit-on, comme il reconnaissait des caches de viande de caribou : «Reposons-nous tous les deux», se fit-il dire, celui-ci, par celui qui le portait. Alors, dit-on, étant complètement ficelé et emballé, sans qu'on lui retire la peau de caribou qui l'enveloppait, il fut tout simplement abandonné.

    Alors, dit-on, utilisant la peau de caribou comme traîneau, il se déplaça un peu en saisissant une partie avec ses dents, parce qu'il connaissait la cache de viande de caribou, dit-on : alors il s'efforça d'aller vers celle qu'il connaissait, s'efforçant d'aller vers les caches de viande de caribou, parce qu'il avait faim, bien qu'il n'eût pas de chance de survivre.

    Alors, dit-on, il ne se déplaça plus, passant l'hiver et tout l'été près de la cache de caribou, se trouvant dans un lieu inhabité. Alors, dit-on, alors qu'on le pensait mort, il reçut la visite à nouveau de gens qui venaient chercher de la viande. On le pensait vraiment mort car il avait été abandonné complètement ficelé et emballé. Il fut aperçu par celui qui le pensait mort, par celui qui l'avait abandonné; il fut extrêmement surpris, dit-on. Ce n'est pas étonnant, car il l'avait cru mort, l'ayant abandonné complètement ficelé et emballé, pour être porté sur le dos comme un bagage.Ce n'est pas étonnant s'il fut surpris de voir un petit iglou, dit-on, près des caches de caribou. Il demanda s'il y avait quelqu'un... Sa voix, dit-il, il la reconnut en entendant celui qu'il avait pensé mort. Alors celui-ci avait survécu en agissant de la sorte. Ici, il se déplace grâce à sa peau de caribou.

Plate 47
A. The little man being carried by his wife
(*Photo* Asen Balikci)

Planche 47
A. Une femme portant son petit mari sur le dos
(*Photo* Asen Balikci)

40 ᐊᑦᔫᑎᒃ
ᐊᖅᓇᒥᓄᑦ ᐊᒫᑦᑕᐅᖃᑦᑐᐊᓂᒃ

the man who used to be carried by his wife

Carving and story by Liivai Qumaaluk E9-843 (AR 9-49; first half read from syllabic text)

There was a man who used to be carried on the back by his wife because he was small. He was carried like that when they came upon little streams. Even when he wasn't carried on the back, he used to cross streams with his belongings carried by his wife. He was an ordinary little man who was naturally small. And again, because he was so small, he used to be helped by his wife to urinate [being held up like an infant]. No wonder my grandfather described the way he urinated because he saw him, because he looked for the one who was urinated by his wife. I forget some of the things he used to tell.

The man's arrows and bag used to be carried for him while he was fording streams. Since the little husband was very small, the water would go over his boot tops while his wife's feet were only in up to the ankles. It was this way, even though it was very shallow; no wonder, for he was really small indeed. After crossing, he resumed carrying his arrows to hunt. When he got game, he had his wife carry it, for being small he never left her. He used to be carried on the back when they were crossing streams and rivers. Although he was very small, he used to get the most game because being very small he could hide easily. He used to be able to get very close to the animals while they were hunting caribou on foot in the summer.

l'homme qui était porté sur le dos par sa femme

Sculpture et histoire de Liivai Qumaaluk E9-843 (AR 9-49, la première partie enregistrée d'une narration syllabique)

Cet homme, dit-on, était transporté sur le dos par sa femme, parce qu'il était petit. Ainsi, dit-on, lorsqu'ils rencontraient de petites rivières, il était porté sur le dos. Et même, dit-on, lorsqu'il n'était pas porté sur le dos, il traversait pendant que ses affaires étaient portées par sa femme. C'était un vrai petit Inuk, dit-on, qui n'y pouvait rien, dit-on, un tout petit homme. De plus, il était si petit que sa femme le faisait uriner en le tenant. Ce n'est pas étonnant que mon grand-père ait raconté l'histoire de celui que l'on devait faire uriner à cause de sa petite taille car il le vit; il chercha à voir celui que sa propre femme faisait uriner. J'ai oublié une partie de ce qu'il racontait.

Les flèches et le sac de ce petit homme étaient portés sur le dos [pour lui] pendant qu'il traversait. Comme le petit mari était tout petit, les tiges de ses bottes étaient recouvertes par l'eau alors que seuls les pieds de bottes de sa femme étaient recouverts [par l'eau]. Il en était ainsi, bien que ce fût de l'eau très peu profonde, assurément il était vraiment tout petit. Alors, dit-on, comme il avait traversé, il se remettait alors à porter ses flèches et se mettait à chasser, et lorsqu'il tuait du gibier, il avait sa femme pour porter [le gibier], il ne pouvait se séparer [de sa femme], à cause de sa petite taille. Il était habituellement tout simplement porté sur le dos pour traverser les rivières et les petits cours d'eau. Ainsi, bien qu'il fût petit, on dit qu'il attrapait plus de gibier parce qu'il pouvait très bien se dissimuler, étant tout petit. Il était capable de s'approcher très près du gibier en chassant le caribou, ce qu'ils faisaient à pied l'été.

B. Detail of A.

B. Détail de A.

NOTE: This strange story may be a fragment of one about women without men. Rasmussen (1929: 300-1) gives a graphic Iglulik Eskimo version, which begins with two brothers at Nuvuk near Wager Bay being killed by neighbours envious of their hunting prowess. The men lie with the surviving wives, who, disliking it, one night kill a man who comes as usual, then flee by sled. An old mother-in-law, with them by magic, breaks the ice between themselves and their pursuers, and they drift to Southampton Island. There, for lack of men, the women marry their little sons, who then do not grow because the women take all the strength out of them. Thus the women have to do the hunting themselves, advised by their little husbands who, though still carried in their parkas, have adult understanding. When a real man comes, he is 'thanked' by a gift of a tent pole for lying with one of the women, but a white man who lands is smothered to death by the over-eager women (Cf., Rasmussen 1931: 447-8 for Netsilik Eskimos; Boas 1907: 538 for Baffin Island Eskimos and also 1888: 618-20 on origin of Sadlirmiut of Southampton Island).

NOTE : Cet étrange récit est peut-être un fragment d'une autre histoire concernant les femmes sans mari. Rasmussen (1929 : 300-301) en fournit par représentation graphique la version des Esquimaux iglulik. Au début, à Nuvuk, près de Wager Bay, deux frères sont tués par des voisins jaloux de leurs exploits de chasse. Ces derniers partagent ensuite la couche des veuves; celles-ci mécontentes, assassinent l'un des hommes qui se présente un soir, comme à l'habitude, et s'enfuient en traîneau. Une vieille belle-mère qui les accompagne brise par magie la glace qui les sépare de leurs poursuivants, et elles dérivent vers l'île Southampton. Là, faute d'hommes, les deux femmes prennent pour maris leurs jeunes fils qu'elles épuisent complètement et qu'elles empêchent ainsi de grandir. Elles doivent donc faire la chasse elles-mêmes, en suivant les conseils de leurs petits maris qu'elles portent toujours dans leur parka mais qui n'en ont pas moins l'intelligence d'un adulte. Or, voici qu'arrive un vrai homme; après avoir couché avec une des femmes, il est remercié à coups de piquet de tente, tandis qu'un homme blanc, débarqué dans l'île, meurt étouffé par suite de la trop grande passion des deux femmes. (Voir Rasmussen 1931 : 447-448 à propos des Esquimaux netsilik. Voir Boas 1907 : 538 à propos des Esquimaux de l'île de Baffin. Voir aussi Boas 1888 : 618-620 au sujet de l'origine des Sadlirmiut de l'île Southampton.)

Plate 48
Couple fighting for a bear leg
(*Photo* Asen Balikci)

Planche 48
Couple se disputant une patte d'ours
(*Photo* Asen Balikci)

41 ᐊᕐᓇᑉ ᐊᐅᒃ ᓂᐅᓗ ᐊᖕᖑᑎᐅᑎᓚᐅᑐᐊᓂᒃ

the couple who fought for a bear leg

Carving and story by Liivai Qumaaluk E9-843 (AR 9-47)

This is about a man and his wife who fought each other for the leg of a bear because the wife was bad. When their child asked the father to cut it up, the woman wanted to take it all for herself. Then the husband was going to take it from her by force. Otherwise, his child would have been left with nothing since his wife would not attend to him. Sometimes the husband brought home some meat for his child without letting his wife know. But whenever he did not fight for the food, the woman ate it all, leaving nothing for them. Their child finally grew up through having food brought to him by his father. The man never let his wife know about his actions. The man took great care of his son because he was his only child. But sometimes he had to leave him behind when hunting as he could not always take him along.

    Then once, the father got a leg of polar bear as his share of the kill, having been one of the ones who got the bear. When he got his share, he took it home thinking that it would be equally divided up among all his family. He set it up to thaw because the hide was still on, and he wanted to skin it. When the man went out for a short while and then came back in, he found the leg behind his wife. Then just after he fought for it, the son said, "Father, you divide it up." And so he did. That then is the story about the woman who did not want to act properly.

le couple qui se disputa une patte d'ours blanc

Sculpture et histoire de Liivai Qumaaluk E9-843 (AR 9-47)

Ce couple, dit-on, se disputa une patte d'ours blanc car la femme était mauvaise. Alors que [leur] enfant demandait à son père de [la] découper à la hache, la femme voulut l'avoir pour elle, refusant de partager, voulant l'avoir tout entière pour elle. Alors son mari s'apprêta à [lui] arracher de force, car celui-ci, son enfant, allait être privé de part car la femme ne prenait pas bien soin de son enfant.

    Parfois, cependant, dit-on, le mari rentrait à la maison rapportant une part de gibier à son enfant, à l'insu de sa femme. Mais, dit-on, [l'enfant] était tout simplement privé de part dès que [le père] négligeait d'arracher une part à sa femme alors qu'elle mangeait tout toute seule. Celui-ci, leur enfant, grandit, dit-on, de cette façon, en recevant des parts de gibier de son père, alors que celle-ci, sa femme, n'était pas mise au courant par son mari. Celui-ci était leur unique enfant; comme il était ainsi [enfant] unique, son père était très attaché à lui, mais bien qu'il en fût ainsi, il devait le laisser [à la maison] parce qu'il ne pouvait pas le transporter avec lui lorsqu'il allait chasser.

    Ainsi son père reçut en partage une patte d'ours blanc, parce qu'il avait participé à la capture de l'ours blanc. Comme il avait reçu cette part, il la rapporta chez lui pour qu'elle soit entièrement partagée. Alors il la mit à dégeler parce que la peau, dit-on, y adhérait et qu'il voulait enlever la peau de ce qu'il avait mis à dégeler. Sa femme, dit-on, l'avait derrière elle [sur le bord de l'iglou] lorsqu'il rentra après être sorti un instant dehors. Alors, comme il la [lui] arrachait, celui-ci, son fils, dit à son père : «Père, partage-la!» Ainsi fit-il. C'est fini, c'est ainsi qu'est l'histoire de la femme qui ne voulait pas bien agir de la sorte.

Plate 49
A. Seal hunter refreshing himself
(h. 20.5 cm; *Photo* Richard Garner)
B. Back of A.

Planche 49
A. Un chasseur de phoque en train de se restaurer
(h. 20.5 cm; *Photo* Richard Garner)
B. Dos de A.

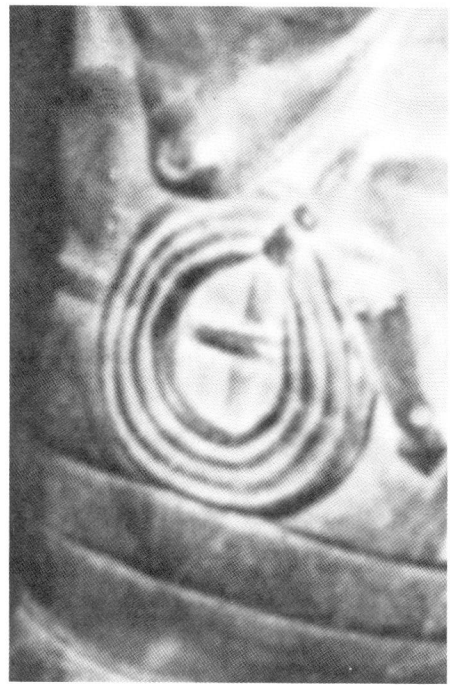

42 how they sealed in winter

Carving and story by Nua E9-848
(IV-B-1307; syllabic text)

Long ago, men used to hunt seals all day long on foot in the winter. It being before there were any white men, they had no guns. They used to be thirsty and hungry at most times. Because they had no guns, they had to wait for the seals [at holes in the ice] to kill them. Whenever they carried seal oil and water, they used the flipper of a seal as a container. And when they ran out of water, they stuffed it with snow [which melted as the seal flipper canteen was kept under the parka next to the skin].

ceux qui chassaient le phoque à pied, l'hiver

Sculpture et histoire de Nua E9-848
(IV-B-1307; texte syllabique)

Il y a longtemps, dit-on, les hommes chassaient le phoque l'hiver en marchant toute la journée. Ils n'avaient pas de fusils, c'était encore avant qu'il y eût des Blancs, ils avaient soif et faim. Comme ils n'avaient pas de fusils, ils tuaient [les phoques] en les guettant à leurs trous de respiration. Comme provision de route, ils avaient de la graisse et de l'eau, ayant comme récipient pour l'eau [la peau] d'une patte postérieure de phoque. Lorsqu'il n'y avait plus d'eau, ils la bourraient de neige [qui en fondant redonnait de l'eau après que la patte eut été placée sous le parka].

Plate 50
Family going inland
(l. 28 cm; *Photo* Richard Garner)

Planche 50
Famille partant pour la chasse
(l. 28 cm; *Photo* Richard Garner)

43 ᓄᒧᓪᑦ ᑐᑦᑐᕆᔭᑦᑐᑦ

how they hunted caribou inland

*Carving by Yuanasialuk Iqqumiaq E9-1407;
story by Saali Arngnaituq E9-1460
(IV-B-1314; syllabic text)*

This is the way it is traditionally: These ones are going after caribou inland on foot. They walked far away, that being the way they worked. They were courageous enough to go afar when all they had for clothing from the sea to the interior was the skins of the caribou. The man and wife had only that for clothing. They had no kayak, but some others did.

ceux qui chassaient le caribou à l'intérieur des terres

*Sculpture de Yuanasialuk Iqqumiaq E9-1407;
histoire de Saali Arngnaituq E9-1460 (IV-B-1314;
texte syllabique)*

C'est ainsi qu'ils avaient coutume de faire, ceux-ci. Ils allaient à pied à la chasse au caribou à l'intérieur des terres. Ils marchaient très loin, c'est ainsi qu'ils travaillaient. De la mer, ils allaient très loin dans les terres sans se décourager, car ils n'avaient pour faire des vêtements que les peaux de caribou. L'homme et la femme avaient seulement de quoi faire des vêtements, ils n'avaient même pas de kayak bien que certains aient eu des kayaks.

Plate 51
First seal rite
(l. 32.5 cm; *Photo* Richard Garner)

Planche 51
Rite de la prise du premier phoque
(l. 32.5 cm; *Photo* Richard Garner)

44 ᓇᑦᓯᐅᑦᑐᑦ ᐱᐅᓯᖏᓐᒃ

a custom for the first seal

*Carving and story by Liivai Qumaaluk E9-843
(IV-B-1298; AR 9-51)*

This is of the Belcher Islands. The Belcher Islanders used to have a custom which was done when a boy got his first seal by waiting at a breathing hole. When he was bare from the waist up, they used to pull the seal over the top of his bare flesh even if it was intensely cold. "I remember how cold it was," I used to hear it said. When someone got his first seal, he would take off his top. When it was to be pulled over him, he just lay down next to the breathing hole. It was pulled over next to his flesh. "I remember how cold it was when water froze on top of my skin while the seal was being pulled," I remember it being said. For each first thing they got, they had some custom to perform. I don't know why; it's hard to understand. They just used their own customs, habitually, everyone.

NOTE: Although the account has been condensed, it is still a bit repetitious. Among the Iglulik Eskimos, Rasmussen recorded that "When a boy gets his first seal, he must take off his outer and inner jackets, lay them on the ice and throw himself down flat on them, and before the seal is yet dead, his father must drag it across his back; this will prevent the seals from being afraid of him" (1929: 178).

coutume concernant celui qui tuait un phoque pour la première fois

*Sculpture et histoire de Liivai Qumaaluk E9-843
(IV-B-1298; AR 9-51)*

C'est un habitant des îles Belcher. Les habitants des îles Belcher avaient coutume de faire ainsi lorsqu'un garçon attrapait pour la première fois un phoque après avoir fait le guet au trou de respiration. On dit qu'après qu'il se fut déshabillé jusqu'à la ceinture, on faisait passer [le phoque] sur lui, même s'il faisait très froid. J'ai entendu jadis quelqu'un dire : «Je me souviens comme c'était froid». Comme il avait attrapé son premier phoque, il se dévêtit [le haut du corps] et on fit passer [le phoque] sur son corps; étendu sur le dos, au bord du trou de respiration de celui-ci, on le fit passer sur le corps, alors qu'il était dévêtu, sur sa peau, le plus près de sa peau. Je me rappelle l'avoir entendu dire : «Je me souviens comme c'était froid, lorsque l'eau gela sur ma peau, alors qu'on me le faisait passer ainsi».

Chaque fois qu'ils attrapaient quelque chose pour la première fois, ils devaient s'astreindre à certaines coutumes; pourquoi? Je ne le sais pas. Tous avaient l'habitude de suivre leurs propres coutumes.

NOTE : Cette anecdote a été condensée, mais elle contient encore quelques répétitions. Rasmussen a rapporté que, chez les Esquimaux iglulik, «lorsqu'un jeune garçon capture son premier phoque, il doit enlever ses vestes de dessus et de dessous, les déposer sur la glace et s'y étendre de tout son long; puis, avant que le phoque ne meure, le père du garçon doit le traîner sur le dos de son fils, ce qui empêchera les phoques d'avoir peur de lui» (1929 : 178).

Plate 52
The poor boy tossing a seal femur
(h. 17 cm; *Photo* Richard Garner)

Planche 52
Le pauvre garçon et son os de phoque magique
(h. 17 cm; *Photo* Richard Garner)

45 ᐃᓄᕕᐱᐊᓗᒃ ᐊᑯᕐᒃ

the poor boy who tossed a seal femur

Carving and story by Saamisa Paqsauraaluk
E9-806 (IV-B-1312; AR 4-17)

This is the story of one who being a very sorry fellow had nothing but hard luck in hunting. He followed behind some people who were on the move with his arms drawn inside of his jacket [for warmth] because he was poor and in a sorry state, neglected and forsaken by the rest. Following the trail, he came upon a little bone, the bone of a seal. He had his arms drawn inside his parka because that was all he could do. As he saw this bone at a former midday stop [of the people he was following], he was stopping there to try something. Having picked on it, he was going to try out the bone. He was a luckless soul, but he never gave up. He tossed it up without knowing how it would land, whether facing up or facing down, the seal femur that he was trying out. When it was tossed, the femur, though mere bone, bounced straight up and down. He had tried it because he was completely hapless.

    Afterwards, when he caught up to the migrants, he started following them on their hunting trips. And when he followed, he was the only one that got seals. After he got his luck from the bone bouncing straight up and down and became wealthy, he was followed by the other hunters. But even though he was followed, he was the only one that got game. He became a great hunter, having ceased to be out of luck. How it goes on from there, I forget.

le petit orphelin et le fémur du phoque

Sculpture et histoire de Saamisa Paqsauraaluk
E9-806 (IV-B-1312; AR 4-17)

C'est l'histoire de quelqu'un qui n'attrapait jamais de gibier et qui n'était bon à rien; n'attrapant pas de gibier et n'étant bon à rien, il suivit des gens en voyage, en allant derrière eux, les bras à l'intérieur de son parka [pour avoir plus chaud], parce qu'il n'avait pas d'autres ressources, parce qu'il n'était bon à rien; orphelin qu'il était, il suivait les traces et rongeait les vieux os, les vieux os de phoque. Il avait les bras à l'intérieur de son parka parce qu'il n'avait pas d'autres ressources, parce qu'il était orphelin. Ainsi, apercevant un os, apercevant l'endroit où [les autres] avaient pris leur repas du jour, il se mit à ronger l'os, le vieil os; après avoir fini de le ronger, il l'essaya pour interroger le sort, il s'apprêta à l'essayer pour interroger le sort parce qu'il désirait fortement savoir comment il serait en mesure d'agir, car il n'était bon à rien. Alors, après l'avoir rongé, il le lança pour interroger le sort, [pour savoir] comment il allait tomber, face vers le haut ou face contre terre. Celui-ci, le fémur de phoque lui servit à interroger le sort. Alors comme il l'avait lancé, il rebondit plusieurs fois et tomba face vers le haut, celui-ci, le fémur de phoque qui était tout simplement un os. Celui-là [l'orphelin] parce qu'il n'était bon à rien, l'essaya pour interroger le sort, c'est pour cela qu'il fit ainsi. Alors comme il avait fait ainsi, il rejoignit ceux qui étaient en voyage en les suivant; suivant leurs traces derrière eux, il les rejoignit. Alors il se mit à accompagner ceux qui allaient à la chasse.

    Alors comme il les accompagnait, il fut le seul à tuer des phoques. Alors que celui-ci, le fémur de phoque, avait eu les mouvements suivants, qu'il avait rebondi plusieurs fois et était tombé face vers le haut. Alors il devint un excellent chasseur, il ne manqua plus de la moindre chose et fut suivi par tous les autres, il fut le seul à être suivi [par tous les autres] lui qui auparavant n'était bon à rien. Alors, lorsqu'il était suivi, il était toujours le seul à prendre du gibier. Il devint un grand chasseur car il n'était plus quelqu'un qui n'était bon à rien; ne l'étant plus, j'oublie, je ne sais plus.

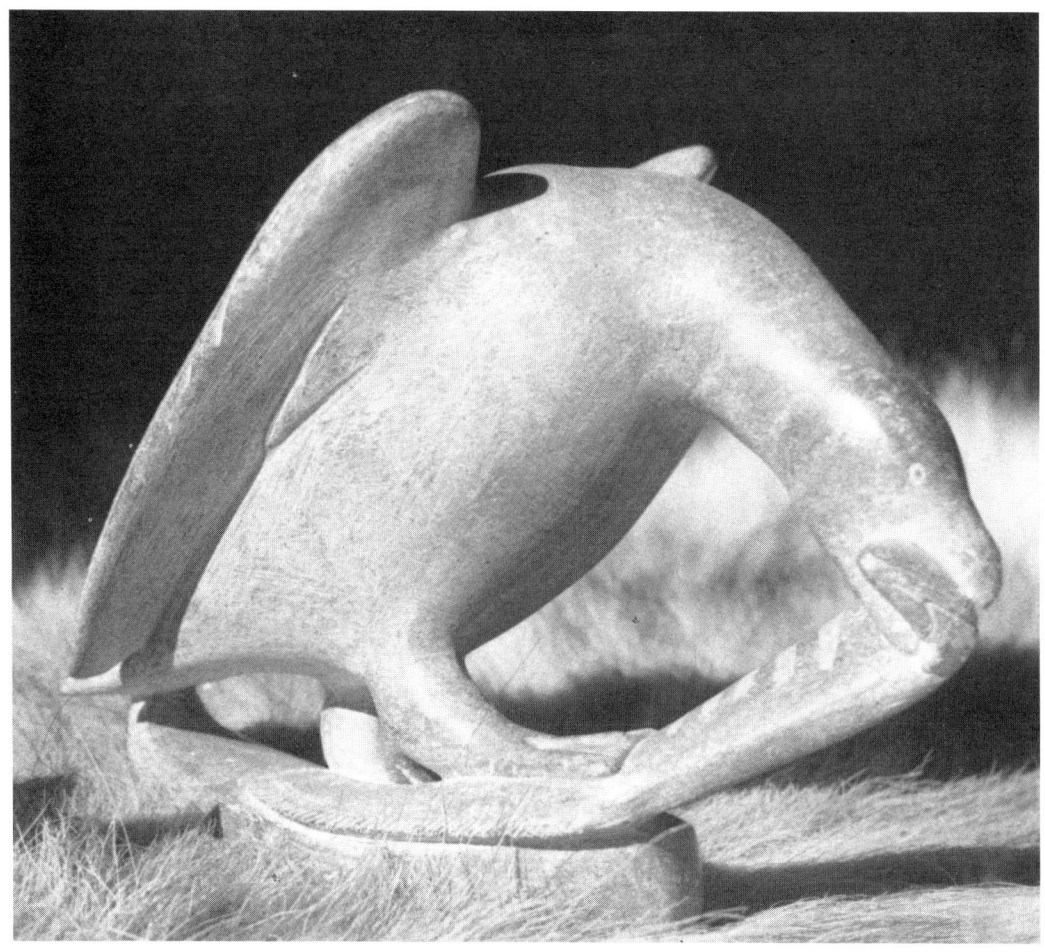

Plate 53
Seagull with kutyaunaq
(*Photo* Asen Balikci)

Planche 53
La mouette et le kutyaunaq
(*Photo* Asen Balikci)

46 ᖃᐅᖅᓗ ᑯᑦᔭᐅᓇᓗ

the seagull and the kutyaunaq

*Carving and story by Aisa Qupiqrualuk E9-801
(syllabic text)*

This is just my idea: that the seagull can only eat something that is out in the open and vulnerable. While fishing I have seen this kutyaunaq [possibly the slender eelblenny]. As it goes along the bottom, it often appears to be tired, and when it stops, it cannot stay upright. I think that since the seagull can eat only vulnerably exposed or dead things, and since the kutyaunaq often seems tired [and lies down], it is as if it simply gives itself up. As this makes sense to me, I have carved it, that's all.

la mouette et le kutyaunaq

*Sculpture et histoire d'Aisa Qupiqrualuk E9-801
(texte syllabique)*

C'est simplement une idée que j'ai eue, que la mouette ne mange que quelque chose qui se présente sans défense. Quant à celui-ci, le kutyaunaq, j'en ai vu alors que je pêchais; lorsqu'il se déplace au fond de l'eau et qu'il s'arrête, paraissant fatigué, il n'est pas capable de se dresser, alors il reste étendu; lorsqu'il avance, il se dresse souvent. Je pense que la mouette ne peut manger que quelque chose qui s'offre sans résistance, c'est-à-dire quelque chose de mort, et celui-ci, le kutyaunaq, quand il est fatigué, il s'offre en fait sans résistance.

Ces choses ont un sens pour moi, c'est pourquoi je les ai sculptées, c'est tout.

suggested reading

Armour, Drew. "The Blind Man and the Loon." *The Beaver*. Winnipeg: The Hudson's Bay Company, Summer 1984. pp. 8-12.

Boas, Franz. "The Central Eskimo." *6th Annual Report of the Bureau of American Ethnology 1884-1885.* Washington, 1888. pp. 399-669.

Boas, Franz. *The Eskimo of Baffin Land and Hudson Bay.* Bulletin of the American Museum of Natural History, vol. XV, 1901. New York, 1907.

Boas, Franz. "Tsimshian mythology." *31st Annual Report of the Bureau of American Ethnology 1909-1910.* Washington, 1916. pp. 29-1037.

La déesse inuite de la mer / The Inuit Sea Goddess. Une exposition itinérante organisée grâce à une subvention des Musées nationaux du Canada et préparée par le Service de diffusion du Musée des beaux-arts de Montréal/A circulating exhibition funded by National Museums Canada and organized by the Extension Services of the Montreal Museum of Fine Arts. Montréal: Musée des beaux-arts de Montréal, 1980. 60 pp. (Research and text: Nelda Swinton).

Hawkes, Ernest W. *The Labrador Eskimo.* Ottawa: Geological Survey of Canada, Memoir 91, Anthropological Series No. 14. 1916.

Holtved, Erik. *The Polar Eskimos, language and folklore.* Copenhagen: Meddelelser om Grønland, vol. 152, nos. 1 and 2. 1951.

Inuit Myths, Legends and Songs. March 12 to May 2, 1982. Winnipeg: The Winnipeg Art Gallery, 1982. 80 pp. (Texts by Bernadette Driscoll, Associate Curator, Inuit Art).

Keeveeok, Awake! Mamnguqsualuk and the Rebirth of Legend at Baker Lake. An exhibition held at the Ring House Gallery, November 20, 1986 to January 11, 1987, in conjunction with the 25th Anniversary of the Boreal Institute for Northern Studies. Edmonton: Ring House Gallery, University of Alberta, published by Boreal Institute for Northern Studies, University of Alberta, 1986. 72 pp. (Texts by Charles Moore and K.J. Butler).

lectures recommandées

ARMOUR, Drew, «The Blind Man and the Loon», *The Beaver,* Winnipeg, The Hudson's Bay Company, Été 1984, p. 8-12.

BOAS, Franz, «The Central Eskimo», *6th Annual Report of the Bureau of American Ethnology 1884-1885,* Washington, 1888, p. 399-669.

BOAS, Franz, *The Eskimo of Baffin Land and Hudson Bay,* Bulletin of the American Museum of Natural History, vol. XV, 1901, New York, 1907.

BOAS, Franz, «Tsimshian mythology», *31st Annual Report of the Bureau of American Ethnology 1909-1910,* Washington, 1916, p. 29-1037.

LA DÉESSE INUITE DE LA MER / THE INUIT SEA GODDESS, Une exposition itinérante organisée grâce à une subvention des Musées nationaux du Canada et préparée par le Service de diffusion du Musée des beaux-arts de Montréal / A circulating exhibition funded by National Museums Canada and organized by the Extension Services of the Montreal Museum of Fine Arts, Montréal, Musée des beaux-arts de Montréal, 1980, 60 p. (Recherche et texte : Nelda Swinton).

HAWKES, Ernest W., *The Labrador Eskimo,* Ottawa, Commission géologique du Canada, Mémoire 91, no 14, Série anthropologique, 1916.

HOLTVED, Erik, *The Polar Eskimos, language and folklore,* Copenhague, Meddelelser om Grønland, vol. 152, nos 1 et 2, 1951.

INUIT MYTHS, LEGENDS AND SONGS, March 12 to May 2, 1982, Winnipeg, The Winnipeg Art Gallery, 1982, 80 p. (Textes de Bernadette Driscoll, Associate Curator, Inuit Art).

KEEVEEOK, AWAKE! Mamnguqsualuk and the Rebirth of Legend at Baker Lake, An exhibition held at the Ring House Gallery, November 20, 1986 to January 11, 1987, in conjunction with the 25th Anniversary of the Boreal Institute for Northern Studies, Edmonton, Ring House Gallery, University of Alberta, publié par Boreal Institute for Northern Studies, University of Alberta, 1986, 72 p. (Textes de Charles Moore et K.J. Butler).

Keeveeok, réveillez-vous! Mamnguqsualuk et la renaissance de la légende à Baker Lake. Une exposition tenue à la galerie Ring House du 20 novembre 1986 au 31 janvier 1987 à l'occasion du 25ème anniversaire de l'Institut boréal des études du Nord. Edmonton: Galerie Ring House, Université de l'Alberta, published by l'Institut boréal des études du Nord, Université de l'Alberta, 1986. 48 pp. (Texts by Charles Moore and K.J. Butler).

Martijn, Charles A. "Canadian Eskimo Carving in Historical Perspective." 59 *Anthropos* 546-596.

Métayer, Maurice. *Contes de mon iglou,* collected and translated by Maurice Métayer. Montréal, Éditions du jour, 1973.

Métayer, Maurice. *Mémoires d'un Esquimau : La vie de Nuligak.* Montréal: Éditions du jour, 1972.

Rasmussen, Knud. *Intellectual culture of the Iglulik Eskimos.* Report of the Fifth Thule Expedition 1921-24, vol. VII, no. 1. Copenhagen, 1929.

Rasmussen, Knud. *Observations on the intellectual culture of the Caribou Eskimos.* Report of the Fifth Thule Expedition 1921-24, vol. VII, no. 2. Copenhagen, 1930.

Rasmussen, Knud. *Iglulik and Caribou Eskimo texts.* Report of the Fifth Thule Expedition 1921-24, vol. VII, no. 3. Copenhagen, 1930.

Rasmussen, Knud. *The Netsilik Eskimos.* Report of the Fifth Thule Expedition 1921-24, vol. VIII, nos. 1 and 2. Copenhagen, 1931.

Rasmussen, Knud. *Intellectual culture of the Copper Eskimos.* Report of the Fifth Thule Expedition 1921-24, vol. IX. Copenhagen, 1932.

Saladin d'Anglure, Bernard et al. *La parole changée en pierre-Vie et œuvre de Davidialuk Alasuaq, artiste inuit du Québec arctique.* In Les cahiers du patrimoine, Number 11. Québec: Gouvernement du Québec, ministère des Affaires culturelles, Direction générale du patrimoine, 1978. 123 pp.

KEEVEEOK, RÉVEILLEZ-VOUS! *Mamnguqsualuk et la renaissance de la légende à Baker Lake,* Une exposition tenue à la galerie Ring House du 20 novembre 1986 au 31 janvier 1987 à l'occasion du 25ème anniversaire de l'Institut boréal des études du Nord, Edmonton, Galerie Ring House, Université de l'Alberta, publié par l'Institut boréal des études du Nord, Université de l'Alberta, 1986, 48 p. (Textes de Charles Moore et K.J. Butler).

MARTIJN, Charles A., «Canadian Eskimo Carving in Historical Perspective», 59 *Anthropos* 546-596.

MÉTAYER, Maurice, *Contes de mon iglou,* Recueillis et traduits par Maurice Métayer, Montréal, Éditions du jour, 1973.

MÉTAYER, Maurice, *Mémoires d'un Esquimau : La vie de Nuligak,* Montréal, Éditions du jour, 1972.

RASMUSSEN, Knud, *Intellectual culture of the Iglulik Eskimos,* Report of the Fifth Thule Expedition 1921-24, vol. VII, no 1, Copenhague, 1929.

RASMUSSEN, Knud, *Observations on the intellectual culture of the Caribou Eskimos,* Report of the Fifth Thule Expedition 1921-24, vol. VII, no 2, Copenhague, 1930.

RASMUSSEN, Knud, *Iglulik and Caribou Eskimo texts,* Report of the Fifth Thule Expedition 1921-24, vol. VII, no 3, Copenhague, 1930.

RASMUSSEN, Knud, *The Netsilik Eskimos,* Report of the Fifth Thule Expedition 1921-24, vol. VIII, nos 1 et 2, Copenhague, 1931.

RASMUSSEN, Knud, *Intellectual culture of the Copper Eskimos,* Report of the Fifth Thule Expedition 1921-24, vol. IX, Copenhague, 1932.

SALADIN D'ANGLURE, Bernard et al., *La parole changée en pierre-Vie et œuvre de Davidialuk Alasuaq, artiste inuit du Québec arctique,* dans Les cahiers du patrimoine, numéro 11, Québec, Gouvernement du Québec, ministère des Affaires culturelles, Direction générale du patrimoine, 1978, 123 p.

Spalding, Alex. *Eight Inuit Myths / Inuit Unipkaaqtuat Pingasuniarvinilit.* National Museum of Man, Mercury Series, Canadian Ethnology Service Paper No. 59/Musée national de l'homme, Collection Mercure, Le Service canadien d'ethnologie, Dossier no 59. Ottawa: National Museums of Canada/Musées nationaux du Canada, 1979. 112 pp.

Turner, Lucien M. "Ethnology of the Ungava District." *11th Annual Report of the Bureau of American Ethnology 1889-1890.* Washington, 1894. pp. 159-350.

SPALDING, Alex., *Eight Inuit Myths / Inuit Unipkaaqtuat Pingasuniarvinilit*, National Museum of Man, Mercury Series, Canadian Ethnology Service Paper No. 59 / Musée national de l'homme, Collection Mercure, Le Service canadien d'ethnologie, Dossier no 59, Ottawa, National Museums of Canada / Musées nationaux du Canada, 1979, 112 p.

TURNER, Lucien M., «Ethnology of the Ungava District», *11th Annual Report of the Bureau of American Ethnology 1889-1890,* Washington, 1894, p. 159-350.